장자

진리를 찾아가는 길

차례
Contents

들어가며

오늘날 세계를 이끄는 시대사조는 르네상스 이후에 나타난 유럽의 근대 이성주의다. 이성주의를 바탕으로 하는 문화에서는 인간의 두 요소인 마음과 몸 중에서 몸을 근본적인 존재로 보고, 육체적 욕구를 긍정하며, 이를 충족시킬 수 있는 물질적 가치를 숭상하였다. 이러한 물질주의는 과학과 산업을 발달시키고 의학을 발달시키는 원동력이 되었다. 특히 발달한 산업을 바탕으로 한 강력한 경제체제가 형성되었다.

인간의 육체를 존재의 기본으로 파악하면, 인간은 모두 개별적 존재다. 인간의 육체는 의식주라는 물질적 요건이 충족되어야 삶을 영위할 수 있다. 그러나 물질적 요건은 항상 부족하기 때문에 사람들은 이것을 서로 차지하려면 다툴 수밖에 없다.

그러므로 영국의 철학자 홉스는 이 세상을 '만인의, 만인에 의한 투쟁장소'로 보았다.

중세 기독교 시대의 사람들은 하느님이 이 세상의 질서를 유지해주는 것으로 믿었다. 그러나 기독교의 영향에서 벗어난 르네상스 이후에는 세상의 질서를 유지할 수 있는 새로운 이론을 찾아내야 했다. 근대 유럽의 철학자들은 이성의 힘으로 그것을 찾을 수 있다고 믿었다. 이 세상의 질서를 유지하는 근본 방안으로써 그들은 강한 윤리의식을 확립할 것, 법질서를 강화할 것, 강력한 정부를 수립할 것을 주장하였다. 그런데 이러한 노력으로 말미암아 안정된 사회를 건설하면, 이제는 더 이상 강력한 정부는 필요 없게 된다. 이러한 사례로 프랑스에서는 시민이 정부에 대항하여 시민혁명을 일으켜 정치의 주도권을 획득하고 오늘날의 민주주의로 발전하였다. 이렇듯 민주주의의 정치형태와 강력한 자본주의 경제체제는 전 세계로 확산되어 오늘날의 사람들을 이끌어 가는 시대사조가 되었다.

과학기술의 발전으로 지구의 중요한 자원이 급격하게 소모되었고, 도시화와 공업화로 말미암아 환경이 파괴되었으며, 가공할 무기가 개발되었다. 이처럼 근대 문화는 인류에게 많은 혜택을 가져다줬지만, 역설적으로 생존을 위협받는 지경에 이르렀다. 또한 대량생산 체제는 인간에게 많은 혜택을 가져다주었으나, 인간을 생산수단이나 상품으로 간주하는 폐단을 가져오기도 하였다.

가난과 질병이 만연하던 시대에는 무엇보다 생존이 중요했기 때문에 강력한 윤리의식과 법을 강조하였다. 그러나 대량생산으로 물질이 풍요로워지고 육체적 삶이 보장된 지금은 육체적 삶을 보존해야 한다는 위기의식은 사라지고 윤리의식도 약해진다.

또 인간을 육체적 존재로 파악하면, 생존이 어려웠던 때는 육체적 삶을 위하여 열심히 일하지만 풍요로울 때는 허무주의가 대두한다. 미래를 생각할 여유를 가지고 인생을 바라보면 '인간이란 결국 한 줌의 흙으로 돌아가고 마는 허무한 존재'라는 사실을 깨닫기 때문이다.

인류적 허무주의에 빠지면 규칙을 지키는 것과 지키지 않는 것, 법을 지키는 것과 지키지 않는 것, 부귀영화를 누리는 것이나 누리지 못하는 것에 대한 차이를 발견할 수 없으므로 결국 윤리적 허무주의에 빠지게 된다.

인간이 윤리적 허무주의에 빠져 지켜야 할 윤리강령이 실종되면, 여전히 남아 있는 생리적 욕구를 억제할 이유를 발견할 수 없기 때문에 결국 쾌락주의에 빠지게 된다. 쾌락주의에 빠지면 사람들은 마약 중독이나 알코올 중독에 빠지기도 하고, 오락·도박·알코올·성(性)·마약 등을 탐닉함으로써 정상적인 생활을 하기 어렵다.

오늘날 이러한 사람들의 수가 불어나는 것은 인류가 파멸의 길에 들어서고 있다는 신호일 것이다. 그런데도 사람들이 이를 방관한다면 결국 인류는 파멸할 것이다. 인류를 구제하려면 문화의 진행방향을 바꾸어 놓아야 할 것이다. 그 방법은 있는가?

있다면 그 방법은 무엇인가?

그것은 현대 문명의 출발점을 찾아 거기에서 방향을 바꾸어 놓는 데 있다. 현대 문명의 출발점은 르네상스 시대에 나온 인간의 본질을 인간의 육체로 보는 물질주의적 사유형태다. 그렇다면 현대 문명의 병폐를 치유할 수 있는 근본 방법은 인간을 육체적 존재로 보는 사유형태에서 벗어나는 것이다.

사유형태에서 벗어나는 가장 효과적인 방법 중 하나는 '장자적 사유방식'을 도입하는 것이다. 장자의 말에 의하면 내 몸도 내 것이 아니다. 이러한 장자적 사유를 바탕으로 내 몸을 나의 본질로 보는 사유에서 벗어나는 것이 현대 문명의 병폐를 치유하는 첩경이 될 것이다.

인간은 본질적으로 마음과 몸, 두 요소를 가진 존재다. 그러므로 인간의 행복에도 정신적 행복과 육체적 행복으로 나눌 수 있다. 좋은 집에서 살고, 좋은 자동차를 타며, 좋은 음식을 먹는 것은 육체적으로 보면 분명히 행복한 생활이다. 그러나 그것이 반드시 정신적인 행복을 가져다주지는 않는다. 과학이 발달하고 산업이 발달할수록 육체적 행복감은 분명히 상승했다. 그러나 정신적 행복은 어떠한가? 오히려 문명이 발달하지 않은 옛날로 거슬러갈수록 정신적 행복감이 상승하는 것으로 보인다. 문명이 발달할수록 자살하는 사람의 수가 증가하는 것만 보아도 이를 알 수 있을 것이다.

장자는 과거로 갈수록 진리가 실현되었다고 말했다. 이는 장자가 정신적 행복을 추구했다는 증거이기도 하다. 장자 철학을 이해하면 사람은 정신적 행복감을 얻을 수 있다. 그러므로 물질의 노예가 되어 비참한 생활을 하고 있는 현대인들에게 장자의 철학은 가장 귀한 선물이 될 것이다. 그러나 정신적 행복을 추구하는 대신 육체적 행복을 등한시하고 문명을 거부하는 장자 철학에 심취하면 현대 문명을 살아가는 데 많은 갈등을 가지게 된다. 그러므로 장자 철학을 신봉하는 사람은 정신적 행복을 얻을 수는 있지만, 생존에 문제가 생길 수 있다.

실제로 세상에는 장자 철학을 가지고 생활하는 사람들이 있다. 태국의 산악지대에 사는 마부리족이 그러한 사람들이다. 그들이 가진 것이라고는 칼 한 자루와 부싯돌 하나밖에 없다. 풀뿌리를 캐먹고 살며, 정착생활을 하지 않고 무리지어 이동한다. 나무를 세우고 바나나 잎을 덮으면 그대로 집이 된다. 그들은 싸우는 일이 없고 화를 내는 일도 없다. 그들은 늘 행복하다. 그러나 그들은 문명세계의 사람들과 경쟁에서 이길 수 없기 때문에 수가 점점 줄어들고 있다.

중요한 것은 장자 철학의 입장에서 정신적 행복을 터득한 후에 현대 문명을 포괄할 수 있는 새로운 방안을 만들어내는 일이다. 그렇지 않으면 장자 철학은 늘 그리워하면서도 가지 못하는 고향 같은 존재로만 남게 될 것이다.

『장자』는 4세기 서진시대에 곽상이라는 인물이 정리하고 주석한 것이다. 전부 33편으로 구성되어 있는데, 이를 내편, 외편, 잡편으로 분류하였다. 그 내용을 정리하면 다음과 같다.

내편(內篇) 7편

「소요유(逍遙遊)」「제물론(齊物論)」「양생주(養生主)」「인간세(人間世)」「덕충부(德充符)」「대종사(大宗師)」「응제왕(應帝王)」

외편(外篇) 15편

「변무(騈拇)」「마제(馬蹄)」「거협(胠篋)」「재유(在宥)」「천지(天地)」「천도(天道)」「천운(天運)」「각의(刻意)」「선성(繕性)」「추수(秋水)」「지락(至樂)」「달생(達生)」「산목(山木)」「전자방(田子方)」「지북유(知北遊)」

잡편(雜篇) 11편

「경상초(庚桑楚)」「서무귀(徐無鬼)」「칙양(則陽)」「외물(外物)」「우언(寓言)」「양왕(讓王)」「도척(盜跖)」「설검(說劍)」「어부(漁父)」「열어구(列禦寇)」「천하(天下)」

장자의 시대와 장자의 삶

끝없는 전쟁이 계속되었다

때는 춘추시대를 지나 전국시대로 접어들고 있었다. 춘추시대에는 형식적이긴 하지만 주나라 왕실에 대한 권위와 체면이 조금 남아있었다. 그러나 전국시대에는 그 권위조차도 완전히 사라져 혼란이 극에 달했고 곳곳에서 전쟁이 발발했다. 농민들은 농사를 지을 수 없었고, 상인들은 장사를 할 수 없었으며, 공업기술자들도 공업에 종사할 수 없었다. 굶주리고 얼어 죽는 시체가 길에 즐비했다. 이를 바라보는 지식인들은 많은 고민을 했고 여러 가지 구제책을 내놓았다. 이러한 구제책이 이른바 '사상'이란 것이고, 사상을 제시한 사람이 사상가다. 혼란한 시대일수록 사상가가 많이 배출되는 것은 이러한 이유 때문이다. 춘추전국시대에 가장 많은 사상가가 배출되었다는 것은 그 시대가 역사적으로 가장 혼란했던 시대였음을 말해주는 것이다.

춘추전국시대에 등장한 제자백가들은 각각 혼란을 안정시킬 수 있는 나름의 처방을 내놓았으나, 어느 것도 효과가 없었다. 이를 보던 장자는 독특한 처방전을 내놓았다. 처방전이란 처방전을 내지 않고 가만히 내버려 두는 것이었다.

장자는 전국시대 때 지금의 하남성(河南省) 귀덕부(归德府) 상구현(商丘縣) 부근인 송나라 몽(蒙) 지방에서 태어났다. 그의 성은 장(莊)이고 이름은 주(周)다. 그의 생몰연대는 확실치 않지만, 기원전 370년경에 태어나 300년경까지 살았다고 추정된다. 공자보다 약 150년 정도 늦고, 맹자와는 거의 같은 시대를 살았다. 장자의 전기에 관한 상세한 기록은 남아 있지 않다. 장자의 전기로 현존하는 가장 오래된 자료는 기원전 1세기에 쓰인 『사기』의 「노장신한열전(老莊申韓列傳)」이다. 그러나 이 기록에서 알 수 있는 것은 그가 일찍이 고향에서 옻나무를 심은 밭을 관리하는 칠원리(漆園吏)를 지냈고, 위나라 왕의 초빙을 받았으나 그것을 거부하고 유유자적하게 살았다는 정도뿐이다.

논쟁이 격렬해질수록 논쟁에 참가한 사람들은 진리의 입장에서 하나가 되기를 바라기보다 자기의 입장을 견지하면서 자기의 입장과 다른 것을 비난하기 마련이다. 사람들의 입장은 각각 다르기 때문에 자기의 입장을 관철하기 위한 논쟁이 일어나면 그 논쟁은 끝이 없이 전개된다. 장자는 이를 간파했다. 장자는 당시의 사상가들이 주장한 이론은 모두가 자기의 입장에서만 옳은 것이므로, 입장을 달리하면 옳지 않다는 것을 알았다.

자기의 이론이 옳다고 주장하면 상대방은 반대의 이론을 주장할 것이므로 혼란이 점점 더 커지게 마련이다. 예컨대 어떤 사람이 "이것은 책이다."라는 주장을 한다고 할 때, 그의 입장에서 보면 그 주장은 옳다. 그러나 다른 사람의 입장에서 보면 "그것은 책이다."라는 말로 바뀌어야 한다. 이쪽에서 보면 '이것'이 저쪽에서 보면 '저것'이 되고, 저쪽에서 보면 '저것'이 이쪽에서 보면 '이것'이 된다. '이것'이 '저것'이 되고 '저것'이 '이것'이 된다. '이것'이 없는 '저것'은 없고, '저것'이 없는 '이것'은 없다. 따라서 "이것은 책이다."라는 말은 남에게 통용되는 말이 아니므로, 그것을 주장해서는 안 된다. 장자의 말을 직접 들어보자.

어떤 것도 입장에 따라서는 '저것'이 아닌 것이 없고, 어떤 것도 입장에 따라서는 '이것'이 아닌 것이 없다. '저것'의 입장에서 '저것'을 보면 '저것'이 '저것'으로 보이지 않고 '이것'으로 보인다. 오직 '이것'에서 '저것'을 볼 때만 '저것'이 '저것'으로 인식된다. 그러므로 말하기를 '저것'은 '이것'에서 나오고, '이것' 또한 '저것'에 인하여 성립된다. '저것'과 '이것'은 상대적으로 생겨난 개념이다.

— 『장자』 「제물론」

장자는 이러한 논의를 바탕으로 사람들이 상식적으로 당연

한 것으로 받아들인 사실까지도 사람의 입장에서만 그러한 것
이지 입장이 바뀌면 다를 수 있다고 생각했다. 장자의 말을 직
접 들어보자.

> 사람들은 자기가 가치 있다고 생각하는 것을 추구하면서
> 살아간다. 그러나 사람들이 삶을 기뻐하는 것은 살아있는 입
> 장에서만 판단한 착각일지 모른다. 또한 죽음을 앞에 둔 사람
> 들이 부모를 잃고 헤매는 어린아이처럼 당황하는 것도 죽기 이
> 전의 상태에서 갖는 순간적인 착각일지 모른다.
> 여희는 애(艾)라는 땅에 봉해진 사람의 딸이었는데, 진나라
> 사람이 그를 왕에게 바치려고 데려갔다. 여희는 가지 않으려고
> 울고불고하여 눈물이 옷깃을 적셨다. 그러나 왕의 처소에 이르
> 러 왕과 침상을 같이 쓰고 고기를 먹으며 생활하고서는 오지
> 않으려고 울었던 사실을 후회했다. 이를 본다면 죽은 자가 처
> 음에 죽지 않으려고 발버둥쳤던 사실을 후회할 지 어떻게 알겠
> 는가?
>
> ─『장자』「제물론」

살아있는 사람이 받는 충격 중 가장 큰 것은 역시 죽음이지
만, 장자는 이 죽음조차도 상대적인 현상으로 보았다. 죽음에
대한 슬픔은 살아있는 사람에게만 국한된 것으로 생각한 것이
다. 살아있는 사람은 죽는 것이 싫고, 죽은 사람은 사는 것이
싫을 수도 있다는 사실을 가정해본다면, 이 세상에서 절대적으

로 가치 있고 좋은 것이란 있을 수 없다. 그런데도 사람들은 자기의 입장에서 자기가 옳다고 주장하기 때문에 오히려 더 혼란해진다. 그렇다면 아무 말도 하지 않고 가만히 놓아두는 것만 같지 못하다. 여기까지 생각이 미친 장자는 당시의 혼란한 사회를 바로잡으려고 갖가지 이론을 주장하던 사상가들에게 차라리 아무 주장도 하지 말고 가만히 있으라고 권고한다. 장자의 말을 들어보자.

성인(聖人)은 시비하는 사람들에게 개입하여 옳고 그름을 따지지 않는다. 모든 시비는 그 자체로 조화를 이룰 수 있는 부분을 가지고 있으므로 그 조화되는 차원에서 가만히 놓아둔다.

— 『장자』「제물론」

장자의 주장은 참으로 일리 있다. 어린이들이 서로 다툴 때를 생각해보자. 가만히 두고 보면 서로 싸우다가 얼마 가지 않아 다시 화해하고 함께 노는 경우를 볼 수 있다.

장자의 삶은 이러한 입장으로 일관된다. 그는 몹시 가난하게 살았으나 한 번도 가난이 싫다는 생각을 해본 적이 없었다. 그는 수차례 정치에 가담하기를 부탁받았으나 모두 거절했다. 정치란 어떤 목적을 가지고 옳다고 판단되는 방향으로 사람들을 인도하는 것이므로, 장자의 사상에서 보면 부질없는 것에 지나지 않는다. 정치하는 것보다는 차라리 아무것도 하지 않고 가만히 내버려 두는 것이 낫다고 생각되었기 때문이다.

장자는 정치에 일절 참여하지 않고 자연에 묻혀 유유히 살았다. 그에게는 몇몇 제자가 있었지만, 조직이 있고 계통이 있으며 그 학문이 체계적으로 전수되던 다른 학파의 제자들과는 달랐다. 장자의 제자는 조직이 없다. 그저 자연의 모습에서 벗어나지 않았다. 그래서 누가 그의 제자였는지 또 제자들은 어떠한 활동을 했는지조차 알 수가 없다.

장자는 최후의 순간을 맞이할 때도 결코 자연에서 벗어나지 않았다. 그가 임종을 맞았을 때의 모습에 대해서는 다음의 일화가 전해진다.

장자가 죽음이 임박했다. 제자들이 후하게 장사지낼 것을 논의하였다. 이를 들은 장자는 말했다.

"나는 하늘과 땅을 널로 삼고, 해와 달을 한 쌍의 옥으로 알며, 별을 구슬로 삼고, 만물을 내게 준 선물로 생각하고 있다. 그러니 나의 장례준비는 다 끝난 것이 아닌가. 이에 무엇을 더 할 것인가?"

제자들이 말했다.

"저희는 까마귀나 솔개가 선생님의 시신을 먹을까 두렵습니다."

장자가 말했다.

"지상에 있으면 까마귀나 솔개의 밥이 되고, 지하에 있으면 개미나 땅강아지의 밥이 된다. 그러니 지하에만 묻는다면 까마귀나 솔개의 밥을 빼앗아 개미나 땅강아지에게 주는 것이니 그것은 불공평하지 않은가? 사람의 기준에서 나온 불공평한 척도로 모든 것을 공평하게 하려 한다면, 공평하게 하려고 하면 할수록 오히려 불공평해지고 말 것이다. 인간이 만든 불확실한 기준으로 모든 것을 확실하게 만들고자 한다면, 인간이 만든 확실함이란 자연에서 보면 확실하지 않은 것이다. 스스로 현명하다고 생각하는 사람은 자기가 만들어 놓은 것에 구속되지만, 자연의 모습을 지닌 사람은 확실하게 진리를 실현한다. 그러므로 현명하다고 생각하는 사람들이 자연의 모습으로 살아가는 사람들을 당할 수 없는 것은 오래전부터 정해진 일이다. 그런데도 어리석은 자는 자기의 판단만 믿고, 인간이 만든 가치에 구속되어 있다. 그들이 이룩한 모든 것은 본연의 것이 아니라 인간이 만든 가짜의 상태에서만 통용되는 것이므로 마치 소꿉장난과 같은 것이다. 어찌 슬픈 일이 아니겠는가!"

— 『장자』 「열어구」

장자는 시비선악의 판단을 그만두라고 했던 생전의 주장을 최후의 순간까지 관철했다. 이러한 장자의 삶에는 어떠한 철학이 자리 잡고 있을까? 어떠한 사상이 있었기에 그처럼 특이하고 여유 있게 삶을 살 수가 있었을까? 그의 삶의 이면에 자리 잡고 있었던 철학의 내용과 체계는 어떠한 것일까?

진리란 무엇인가?

장자는 이 세상의 본래 모습을 '혼돈'이란 용어로 설명하고 있다.

혼돈. 장자 철학의 비밀은 바로 여기에 있다. 장자 철학의 가장 깊숙한 곳에 '혼돈'이 자리 잡은 것이다. 혼돈을 설명하기 위해 그는 '신(神)' '도(道)' '자연(自然)'이란 용어를 빌리기도 했다.

혼돈

남쪽 바다에 숙(儵)이라고 하는 임금과 북쪽 바다에 홀(忽)이라고 하는 임금, 중앙 지방에 혼돈(渾沌)이라고 하는 임금이 있었다. 숙과 홀은 때때로 서로 혼돈의 땅에서 만났다. 혼돈은 그들을 매우 잘 대접했다. 이에 숙과 홀은 혼돈의 은덕에 보답하자고 의논하였다. "사람들은 모두 일곱 개의 구멍이 있어 그것으로 보고 듣고 먹고 숨을 쉬는데, 이 자에게만 없으니 시험 삼아 구멍을 뚫어주자." 그리고 그들은 하루에 한 구멍씩 뚫기 시작했다. 그랬더니 일곱째 되던 날 혼돈은 죽어버렸다.

-『장자』「응제왕」

사람은 누구나 얼굴에 일곱 개의 구멍을 가지고 있다. 눈 두 개, 귓구멍 두 개, 콧구멍 두 개, 입 한 개가 그것이다. 일곱 개의 구멍이 하는 일은 보고, 듣고, 말하고, 냄새를 맡는 일이다. 이 일곱 개의 구멍을 감각기관이라 하고, 감각기관이 하는 일을 감각작용이라 한다.

사람의 몸은 원래 자연물이다. 자연으로 생겨난 조그만 단세포가 세포분열을 거듭하며 차츰 자라 현재의 상태가 된 것이다. 그리고 현재의 상태가 되었다 하더라도 여전히 자연물이다. 배가 고프면 밥을 먹고, 피곤하면 쉬며, 밤이 되면 자고, 아침이 되면 일어난다. 쉼 없이 숨을 쉬고, 심장이 박동하며, 자라고 늙고 병들어간다. 이 모든 것이 내가 하는 게 아니라 저절로 그렇게 된다. 그러나 사람들은 그것을 알지 못하고 자기의 삶을 자기가 운용하고 있다고 생각한다. 자기가 숨을 쉬고, 자기가 잠을 자며, 자기가 밥을 먹는다고 생각한다. 그러나 엄밀히 따져보면 그렇지 않다. 자기가 숨을 쉬는 것이라면 숨을 안 쉴 수도 있어야 하고, 자기가 밥을 먹는 것이라면 안 먹을 수도 있어야 하며, 자기가 잠을 자는 것이라면 잠을 자지 않을 수도 있어야 한다. 그러나 그렇게 할 수 없는 것을 보면, 자기가 숨을 쉬고, 자기가 밥을 먹고, 자기가 잠을 자는 것이 아니다. 그렇다면 저절로 숨을 쉬고, 저절로 밥을 먹으며, 저절로 잠을 자는 것이라고 해야 할 것이다. 이는 사람의 몸뿐이 아니라 만물이 모두 그러하다. 이러한 점에서 본다면 사람의 몸은 여전히 자연의 힘에 따라서 유지되는 자연물이다.

그런데 사람이 자기가 자고, 자기가 숨을 쉬고, 자기가 밥을 먹는다고 생각하는 까닭은 무엇일까? 그것은 감각기관으로부터 비롯된다. 눈이 있으므로 크기, 모양, 색상 등을 구별할 수 있고, 이것과 저것, 보는 주체와 보이는 객체를 구별할 수 있다. 또 귀가 있으므로 소리를 구별하고, 코가 있으므로 냄새를 구별하며, 입이 있으므로 맛을 구별한다.

구별은 앎을 의미한다. 이것과 저것을 구별할 수 있다는 것은 이것과 저것을 안다는 것이 된다. 감각작용을 통하여 분별력이 생겨나고 지각력(知覺力)이 형성되면, 이를 바탕으로 사고력이 생겨난다. 이 분별력, 지각력, 사고력을 의식(意識)이라고 한다. 그리고 의식이 형성되고 나서는 보고, 듣고, 말하는 감각 주체를 의식하게 된다. 즉, 보는 자이면서 듣는 자, 또 말하는 자이기도 한 통일적인 주체로서의 '나'를 설정하게 되는 것이다.

일단 '나'라는 의식이 성립되면 삶에 대전환이 일어난다. 자연이었던 삶이 '나의 삶'으로 전환된다. 이제는 '내'가 숨을 쉬고, '내'가 밥을 먹고, '내'가 잠을 잔다고 생각하게 된다. 그리고 '나'란 존재가 성립되면 바로 '너'란 존재가 성립되며 이어서 만물이 각각 성립된다. '나'가 성립되기 전에는 '너'도 성립되지 않고 '만물'도 성립되지 않는다. 모든 것은 '나'란 의식이 성립됨으로써 성립되는 것이다. 이러한 의미에서 장자는 "하늘과 땅이 나와 함께 생겨났다(齊物論)."라고 말한다.

'나'라는 존재가 생겨나면 '너'라는 존재가 생겨나므로 나는 너와 경쟁하게 된다. 따라서 인간사회는 사람들이 서로 경쟁하는 경쟁사회가 된다. 이렇게 되면 사람은 경쟁사회에서 끝없이 경쟁해야 하는 피곤한 존재가 된다. 그러나 이것으로 끝나지 않는다. 사람은 흐르는 세월에 따라 어쩔 수 없이 늙고, 또 때가 되면 죽어야 한다. 이것이 인간의 모습이다.

그런데 자세히 보면 이러한 인간의 모습은 본래 모습이 아니다. 인간의 본래 모습은 의식이 형성되기 이전의 자연 상태다. 인간의 의식은 본래부터 있던 것이 아니라 인간이 만들어낸 것이다. 그리고 인간의 의식으로 살아가는 인간의 세계는 인간이 만들어낸 가공(假空)의 세계다. 인간은 자신의 본래 세계를 버리고 스스로 만든 가공의 세계 속으로 들어와 자신을 속박하는 것이다.

본래 세계에서 인간의 삶은 본래의 것이고, 진실한 것이며, 참된 것이다. 반대로 가공의 세계에서 인간의 삶은 본래의 것이 아니고, 가짜인 것이며, 거짓된 것이다. 본래 세계에서의 인간의 생명을 참 생명이라고 한다면, 가공의 세계에서의 삶은 거짓된 생명이므로, 죽은 생명이라고 할 수 있다. 장자가 말한 혼

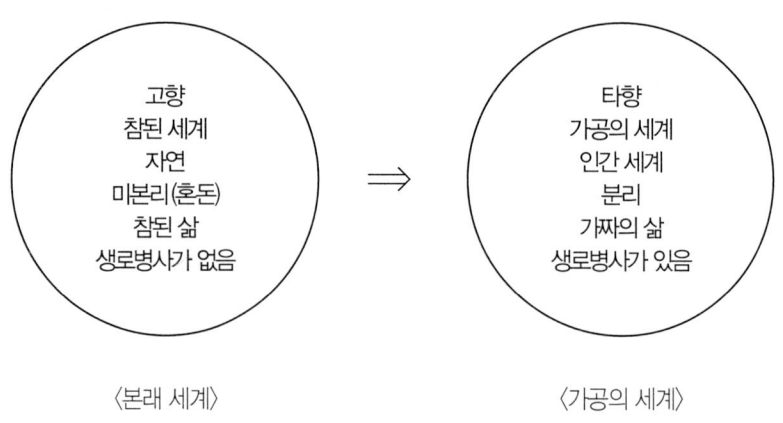

| 〈본래 세계〉 | 〈가공의 세계〉 |

고향
참된 세계
자연
미분리(혼돈)
참된 삶
생로병사가 없음

⇒

타향
가공의 세계
인간 세계
분리
가짜의 삶
생로병사가 있음

〈본래 세계〉   〈가공의 세계〉

돈의 삶은 본래 세계에서 참 생명을 살아가는 사람을 말한다. 이 혼돈의 몸에 구멍을 뚫는다는 것은, 감각기관의 감각작용을 일으키게 한다는 것을 말하는 것이고, 나아가서는 의식으로 만들어낸 가공의 세계로 유도하였다는 뜻으로 이해할 수 있다. 그러므로 장자는 구멍이 뚫린 혼돈을 '죽었다'라고 설명했다. 이러한 장자의 논리로 보면 의식을 가지고 남과 경쟁하면서 살아가는 사람들은 스스로는 살아있다고 생각하지만 사실 죽은 것이다.

장자가 생각하는 진리의 세계는 본래 세계고, 장자가 말하는 참된 사람은 본래 세계에 머물러 있는 사람이다. 장자는 또한 본래의 것을 도(道)라고 표현하고, 본래 세계를 도의 세계로 설명하기도 했다. 본래 세계가 도의 세계라면, 본래 세계에 머물러 있는 참된 사람은 도를 실천하는 사람이기도 하다.

신은 존재하는가?

대공조(大公調)라는 사람이 진리에 대해서 말했다.

사람은 모두 닭이 울고 개가 짖는다는 사실을 알고 있지만, 아무리 지혜가 있는 자라도 닭이 울고 개가 짖는 이치는 알기가 어렵고 그 목적을 헤아리기도 어렵다. 그 내용을 지극히 정밀하게 분석하고 무한히 넓게 조사하더라도, 거기에 조물주와 같은 근원적인 힘이 작용한다거나 작용하지 않는다는 논의는 결국 상대개념에 빠지기 때문에 허물을 면치 못한다. 근원적인 힘이 작용한다면 신은 있는 것이 되고, 작용하지 않는다면 신은 없는 것이 된다. 신이란 이름이 있고 작용이 있다면, 그것은 신의 존재가 물질적인 차원으로 이해된다. 또한 신이란 이름이 없고 또 작용도 없다면, 그것은 물질적인 차원이 아니기 때문에 말로 표현할 수도 없고 마음으로 헤아릴 수도 없다. 말로 표현한다면 더욱 왜곡된다.

내가 태어나기 전에는 나의 출생을 내가 결정하는 것이 아니고, 내가 죽게 되는 날에는 나의 죽음을 막을 수 없다. 죽고 사는 것은 멀리 있는 것이 아니다. 늘 눈앞에서 전개되는 것이고 나 자신에게 있는 것이다. 그러나 그 이치는 알 수가 없다. 생사를 관장하는 근원자가 있다는 것이나 없다는 것이나, 모두 억측에서 나온 것이다. 지나간 과거를 생각해 보면 지난 세월이 끝이 없고, 다가올 미래를 생각해 보면 오는 세월 또한 그침이 없다. 끝이 없고 그침이 없는 영원한 세월은 말로 표현되지 않으므로, 말로 표현하지 말고 덮어둘 때 만물과 하나가 되어 자연의 이치를 따를 수 있다. 신의 존재에 대해 말다툼을 시작하는 것이니, 한번 말다툼을 시작하면 이 세상이 다할 때까지 끝나지 않을 것이다. 신은 있다고 할 수도, 없다고 할 수도 없다. 신이라는 말은 부득이하게 붙인 말에 불과하다. 신의 존재에 대해 논하는 것은 한 면만을 말하는 것일 뿐이니, 어떻게 전체의 모습을 다 표현한 것이겠는가? 말로 신을 표현할 수 있다면 종일 말해서 다 표현하겠거니와 말로 표현할 수 없는 것이라면 종일 말을 하더라도 그것은 상대의 입장에서 한 면만을 말한 것일 뿐이다. 신이란 모든 사물의 근원이니 언어의 차원에서 표현할 수 있는 것이 아니다. 언어의 차원을 떠나야 그 논의가 극치에 이를 수 있다.

– 『장자』「칙양」

신이란 무엇인가? 신은 존재하는가? 이 문제는 인류가 생존한 이래 삶의 중심문제가 되었다. 인류의 역사도 따지고 보면 신을 인정하고 신을 믿으며 신을 중시하는 종교적 사유와, 신을 인정하지 않고 신을 믿지 않으며 인간의 합리적 사유를 중시하는 합리적 사유가 번갈아가면서 이끌어가는 셈이다.

사람의 인식은 구별할 수 있는 대상에 대해서만 가능하다. 인식한다는 말은 인식주체가 인식객체를 구별한다는 말이다. 그러므로 인식이 성립하려면 우선 인식주체로서 '나'가 존재해야 하고, 또 나에 의하여 인식될 수 있는 인식대상이 존재해야 한다. 그런데 장자에 의하면 '나'는 본래의 것이 아니라, 의식으로 만들어진 가짜의 존재다. 그렇다면 '나'에 의하여 인식된 모든 판단은 모두 참이 아니다. 참이란 '나'라는 존재가 성립되기 이전의 혼돈에서만 가능하다. 물론 나에 의하여 파악되는 혼돈은 혼돈이 아니다. '나'란 존재가 성립되기 이전의 상태만이 혼돈이다. 모든 존재에 공통으로 존재하며 모든 존재를 유지하는 근원자를 신이라 하더라도, 그 신은 물질적인 존재가 아니고, 또 '나'라는 존재와 '나'에 의해 인식될 수 있는 대상을 다 포함한 존재이기 때문에 인식될 수 없다. 그것은 혼돈에서만 성립되는 존재다. 인식될 수 없는 존재라면 '있다' '없다' 등의 술어로 표현할 수 없다. 내가 신이라는 어떤 존재를 의식한다면 그 신은 신이 아니다. 사람은 완전한 자를 신으로 상정하고서 완전한 자를 의식 속에서 인식하려고 한다. 그렇기 때문에 신은 늘 불완전한 자가 된다. 일단 사람들의 의식 속에서 신이 그려지면, 신은 늘 사람에 의해 그려진 형태로 존재한다. 사람이 어떠한 형태로든 신을 그려내었다면 그에게는 반드시 신이 존재한다. 그리하여 그는 '신이 있다.'라고 주장하는 것이다. 그런데 사람들은 스스로 의식을 만들어내었기 때문에 의식은 사람마다 다르다. 그러므로 의식으로 그려진 신도 모두 다르다. 신을 믿는 모든 사람은 각각 자기가 만들어낸 신을 믿는 것이다. 그러므로 사람들이 각자 자기가 만들어낸 신이 진짜 신이라고 생각하고 다른 사람들에게 그 신을 믿도록 강요한다면 서로 혼란이 일어날 것이다.

진짜 신은 사람들이 신으로 의식하지 않는 혼돈의 상태에서만 존재한다. 진짜 신은 의식 속에 그려낼 수 있는 것이 아니기 때문에 '있다'고 해도 틀린 말이고, '없다'고 해도 틀린 말이다. 신은 '있다' 또는 '없다'는 술어로 표현되는 개념이 아니기 때문이다. 그리고 신이라는 용어도 사실은 타당한 용어가 아니다. 다만 신이라고 하는 용어는 방편적으로 붙인 이름에 불과하다.

사람이 신을 인식할 수는 없지만, 신의 세계로 들어갈 수 있고 신과 합일될 수 있다. 그것은 의식을 버리고 본래 세계로 돌아갈 때가 그러하다. 그것은 푹 잠이 들거나 만취가 된 상태로서 감각기관이 문을 닫아 의식이 중단된 상태다. 그러므로 사람은 본래 세계를 인식할 수는 없지만 본래 세계로 들어갈 수는 있다.

장자는 신을 '도'라는 말로 표현하기도 한다. 혼돈이 일체의 구별이 일어나기 이전의 본래 세계란 의미로 쓰인 용어라면, 신이란 혼돈이 신비의 세계라는 의미에서 쓰인 용어며, 도란 신비의 작용이 어떠한 길이 있다는 의미로 쓰인 용어다.

도란 무엇인가?

이 세상 본래 모습은 혼돈의 상태로 존재하지만, 혼돈 가운데에서도 일정한 길이 있는 것처럼 보인다. 예를 들면, 봄이 지나면 여름이 오고, 여름이 지나면 가을이 오며, 가을이 지나면 겨울이 오는 것과 같다. 봄에서 여름으로 진행될 때는 기온이 차츰 상승하지만, 그러나 기온은 일정하게 규칙적으로 상승하지 않는다. 조금 따뜻해졌는가 하면 도로 추워지기도 한다. 그러다가 다시 따뜻해지기도 하여 극히 불규칙적이면서도 결국은 기온이 상승하여 여름이 된다. 불규칙 속에서 규칙이 있는 것처럼 보인다. 이 규칙적으로 보이는 일정한 길을 지칭하여 '도'라고 이름붙인 것이다.

도는 존재하는 모든 것에 내재하면서 그것을 존재하게 하는 원동력이다. 어떠한 것도 도에서 벗어나지 않는다. 그러므로 장자는 도가 기왓장이나 땅강아지에게도 있다고 했다. 그러나 도 자체는 인식할 수 있는 것이 아니다. 그러므로 도라는 이름도 편의상 붙인 이름이다. 도는 혼돈의 모습이고 신의 작용이다. 도란 실상이 있고, 확실성이 있다. 도는 얻을 수도 있고 도와 하나가 될 수도 있다. 숨을 쉬는 것, 잠을 자는 것, 아침에 일어나는 것 등 삶의 현상이 기본적으로 도에 나타나는 것이기 때문이다.

진리는 자연이다

자연이란 무엇인가? 흔히 자연이라 하면 인간을 둘러싼 산천을 말하지만, 장자가 말하는 자연은 이와 다르다. 장자는 진리를 '혼돈'으로 표현하기도 하고, '신'으로 표현하기도 하며, '도'로 표현하기도 하였지만, 그것만으로는 진리를 모두 표현할 수 없었으므로 다시 '자연'이라 표현하였다. 산이나 강이나 초목은 인간이 규정한 것이므로 장자의 입장에서 보면 자연이 아니다. 자연이란 자기의 의식을 떠나 무심으로 돌아갈 때 그 모습을 드러낸다.

우리가 유리컵을 보고 유리컵이라 인식했다 하자. 이때 우리가 인식한 것은 유리컵 자체가 아니다. 우리는 이미 인식범주 안에 유리라는 것과 마시는 데 쓰는 물건을 컵이라고 한다는 것에 대한 관념이 있어서 인식범주에 포착된 것을 인식한 것이다. 만일 다른 인식범주를 가는 사람이라면 유리컵을 다른 것으로 인식할 수도 있다. 예컨대 나뭇가지에 앉아 있는 '새'를 보았을 때, 사냥꾼은 그것을 사냥의 대상으로, 사진작가는 작품의 피사체로, 예술가는 예술품으로 인식할 것이고, 벌레는 자기를 잡아먹는 공포의 대상으로 인식할 것이다. 그러므로 아무도 '새' 자체의 본래 면목은 인식하지 못하는 것이다.

생각건대, 아무런 인식범주도 갖고 있지 않은 갓난아기의 눈에 비쳤을 때만 새 자체가 인식될 수 있을 것이다. 물론 그때는 '새'로서 인식되지 않을 것이다. 이 경우 인식의 범주에 들어오지 않은 '새' 자체가 바로 자연이다. 따라서 산이라고 의식하고 바라본다면 이미 산은 산이 아니며, 강이라고 의식하고 바라본다면 이미 강이 아니다. 이미 자연이 아니기 때문이다. 산을 산으로 의식하고 강을 강으로 의식했을 때 비로소 '아름다운 산' '좋은 강' 등과 같은 가치판단이 나타나고, 이어서 거기에 희로애락의 감정이 개입한다. 그러므로 자연의 입장에 서 있으면 일체의 희로애락에서 벗어날 수 있다.

이 세상에 일어나는 모든 현상은 원초적으로 자연이다. 태어나고 늙고 병들고 죽는 현상까지도 모두 자연이다. 따라서 자연의 상태에 머물러 있는 사람은 삶과 죽음을 자연으로 받아들인다. 거기에 기쁨과 슬픔의 감정이 개입되지 않는다.

사람이 왜 진리를 잃게 되는가?

> 옛 사람은 그 지혜가 지극함이 있었다. 어떻게 지극함이 있었는가. 애당초 아무것도 있지 않다고 생각함이 있었기 때문에 지극하고 극진하였으니 더 이상의 경지는 없었다. 그다음은 무엇인가가 있다고 생각은 하지만 구별하지 않는 차원이다. 그다음은 구별은 하지만 시비를 가리지 않는 차원이다. 시비가 드러나면 진리가 숨는다. 진리가 숨으면 애착이 생긴다. 그렇다면 나타나고 숨는 것이 있는가? 나타나고 숨는 것이 없는가?
>
> — 『장자』 「제물론」

옛 사람이란 혼돈을 말하고 자연인을 말한다. 혼돈은 의식을 형성하지 않았기 때문에 아무것도 의식하는 것이 없다. 의식하지 않으면 일체의 구별이 없다. 산으로 의식되는 산은 존재하지 않고, 물로 의식되는 물도 존재하지 않는다. 산이나 물은 의식에서만 존재하는 것일 뿐이다. 따라서 본래의 산은 현재의 산이 아니요, 본래의 물은 현재의 물이 아니다. 본래 세계에서는 일체의 구별이 없기 때문에 산이 물이고 물이 산이다. 그러나 인간의 의식으로 바라보는 세계에서 비치는 모든 것은 의식의 소산이므로 본래는 없는 것이다.

중국 당나라 때 선종이 발달하였다. 선종의 5대 조사인 홍인(弘仁)대사에게 신수(神秀)라고 하는 걸출한 제자가 있었다. 그는 수제자를 뽑는 자리에서 다음과 같은 게송(偈頌)을 지었다.

身是菩提樹　몸은 본래 진리의 나무고
心如明鏡臺　마음은 밝은 거울의 대와 같으니
時時勤拂拭　때때로 부지런히 털어내어서
勿使惹塵埃　티끌이 일어나지 않도록 하라

게송의 내용은 본래의 모습으로 돌아가기 위한 수양을 게을리 하지 않아야 한다는 내용이다. 그러나 옆에서 게송의 내용을 접한 혜능(慧能)이란 제자는 다시 다음과 같은 게송을 지었다.

菩提本無樹　진리에 본래 나무가 없고
明鏡亦非臺　밝은 거울 또한 대가 아니라
本來無一物　본래 하나의 물건도 없거니
何處惹塵埃　어느 곳에 티끌이 일어날까

본래 하나의 물건도 없는 세계란 혼돈의 세계다. 신수가 혼돈의 세계로 향하고 있다면, 혜능은 이미 혼돈의 세계에 서 있다. 진리를 얻으려고 수양을 하는 것이라면 진리를 얻고 난 뒤에는 수양을 할 필요가 없다. 신수가 수양이 필요한 사람이라면 혜능은 수양이 필요 없는 사람이다. 혜능의 게송을 본 홍인 대사는 누가 진정한 수제자인지를 알았다. 그리하여 자신의 의발을 혜능에게 전했고 혜능은 6대 조사가 되었다.

본래 하나의 물건도 없는 본래 세계에서는 남과 나의 구별이 없다. 모두가 하나의 자연이다. 이러한 세계는 기독교에서 말하는 '에덴동산'이다. 그리고 본래 세계에 사는 사람은 바로 아담과 하와다. 그들은 남과 나의 구별이 없기 때문에 부끄러움이 없었다. 따라서 부끄러운 곳을 가릴 필요도 없었고 옷을 입을 필요도 없었다. 그들은 '나'라고 하는 주체의식 없이 자연의 모습으로 살았다. 그들의 삶은 개체적인 것으로 영위되는 것이 아니었다. 그들의 삶은 자연현상 그 자체였다. 따라서 그들은 개체적인 삶과 죽음은 물 흐르는 것과 같은 자연현상으로 이해했다. 그들은 아침에 일어나는 것과 태양이 떠오르는 것은 같은 자연이었으며, 저녁에 자는 것과 태양이 지는 것은 같은 자연이었다. 그들의 삶은 바람이 불고, 비가 오며, 물이 흐르는 것과 같은 자연이었다. 따라서 그들에게는 개체적인 삶에서 나타나는 늙음과 병듦과 죽음이 없다. 이러한 의미에서 그들의 삶은 영생이었다.

그러다가 그들의 감각기관이 작용하면서 감각되는 대상을 인식하게 되었다. 보이는 것이 있고, 들리는 것이 있으며, 냄새 나는 것이 있었다. 그러나 감각대상을 인식할 초기에는 단지 감각대상으로 인식할 뿐 그 대상을 구별하지 않았다. 대상을 구별하지 않았을 때는 '이것'과 '저것'이 구분되지 않았고 또 산과 물, 불과 바람 등이 이름 지어지지 않았다. 그러다가 차츰 분별력이 생겨나면서 '이것'과 '저것'과 '그것'을 분별하고, 산과 물과 불과 바람 등을 분별하여 이름 지었다. 그렇지만 초기에는 다만 분별만 하였을 뿐 '내 것'이라고 하는 소유의식이 생기지 않았다. 소유의식이 생기지 않았을 때는 시비선악에 관한 판단이 일어나지 않는다. '내 것'이 없으면 '네 것'도 없다. 소유의식이 생기지 않았을 때는 도둑이 생길 수 없다. '내 것'이 있고 '네 것'이 있을 때 '네 것'을 무단으로 가지면 나쁜 행위가 되고 도둑이 된다. 반대로 '네 것'을 보호하고 침범하지 않으면 착한 행위가 되고 선량한 사람이 된다. 또 소유의식이 생기면 '내 것' '내 인생' '내 목숨'이 생겨난다. 그렇게 되면 나의 삶은 늙고 병들고 죽어야 하는 운명적인 삶으로 전락된다.

기독교에서 말하는 선악과가 이것이다. 아담과 하와가 선악을 알 수 있는 과일을 따먹었다는 말은 인간이 소유의식을 가지게 되었다는 말이다. 선악과를 따먹은 후 아담과 하와는 더 이상 에덴동산에서 영생하는 존재가 아니다. 이를 에덴동산에서 추방되었다는 말로 설명한 것이다.

장자는 인간이 자연성을 가지고 있을 때와 잃었을 때의 갈림길을 시비선악을 가지게 되는 시점으로 잡았다. 시비선악을 가지게 되는 시점이 바로 소유개념을 가지게 되는 시점이다. 이를 기점으로 하여 자연성은 상실된다. 그러므로 장자는 시비가 드러나 도가 무너지고 도가 무너져 온갖 집착이 생겨난다고 했다.

죽음의 실상

장자의 처가 죽어서 혜자가 문상을 갔다. 장자는 마침 두 다리를 뻗고 앉아 동이를 두드리며 노래를 부르고 있었다. 이를 본 혜자는 어처구니가 없어서 말했다.

"아내와 함께 자식을 키우고 함께 늙은 처지였는데 이제 아내가 죽었으니 곡(哭)을 하기는커녕 동이를 두드리며 노래하는 것은 너무 심하지 않는가?"

그러자 장자가 대답했다.

"아니 그렇지가 않네. 그녀가 처음 죽었을 때 나라고 어찌 슬픈 마음이 없었겠나? 그러나 태어나기 이전의 그녀 모습을 살펴보면 본래 삶이란 없었던 거야. 그저 삶이 없었을 뿐만 아니라 형체도 없었던 것이야. 그저 형체가 없었던 것일 뿐만 아니라 본래 아무 기운도 없었던 것이지. 그저 흐릿하고 어둑어둑한 태초의 상태에 섞여 있다가 변해서 기(氣)가 생기고, 기가 변해서 형체가 생겼던 것이라네. 또 그 형체가 변해서 다시 삶의 현상이 생겨나게 된 것이지. 지금 또 변해서 죽음으로 향해서 달려가는 것이니, 이는 봄, 여름, 가을, 겨울의 사계절이 순환하는 것과 같은 것이라네. 아내는 지금 천지라고 하는 거대한 방에 편안히 누워 있는 것이지. 그런데 내가 소리를 지르고 울고불고 한다면 나는 자연의 이치를 모르는 것이라 생각이 되었다네. 그 때문에 나는 곡하는 것을 그만 두었다네."

- 『장자』「지락」

삶과 죽음은 원래 하나의 자연현상일 뿐이다. 원래 천지 사이에는 하나의 기운이 퍼져 있다. 북송시대의 장재(張載, 1020~1077)는 이를 태허(太虛)라고 이름 붙였다. 태허의 기운이 어느 시기에 모여서 응결하면 물체가 되는데 사람들은 이것을 만물이라 한다. 그러나 이 만물은 다시 때가 되면 원래의 기운으로 흩어져 돌아간다. 이를 사람들은 죽는다고 표현한다. 그러나 엄밀히 말하면 죽는 것이 아니라 원래의 모습으로 돌아가는 것이다. 이 이치를 안다면 사람들은 생사의 이치를 터득할 수 있을 것이다.

현실의 자각

사람이 모여서 사회를 만들고 그 속에서 무리를 지어 살아가는 이 세상은 장자의 눈에 어떻게 비쳤을까? 장자에 의하면, 사람들이 만들어낸 인간사회는 그들의 의식을 통해 만들어낸 가상의 세계다. 인간이 만들어낸 이 세상의 삶은 꿈같은 삶이고 소꿉장난하는 것과 같은 삶이다.

이 세상은 꿈의 세계다

꿈에 술을 마시다가 아침에 일어나 곡을 하는 경우도 있고, 꿈에 곡을 하다가 아침에 사냥을 하게 되는 경우도 있다. 그러나 꿈을 꾸고 있을 당시에는 그것이 꿈인 줄을 모른다. 꿈 가운

데에서 또 꿈을 꾸기도 하지만 그 꿈을 깨어난 뒤에 그것이 꿈인 줄을 안다. 그와 마찬가지로 큰 꿈을 깨고 난 뒤라야 그것이 큰 꿈이었던 것을 알 수 있다.

인생도 알고 보면 하나의 꿈이다. 그런데도 어리석은 자들은 스스로 깨어있다고 생각하고 진실한 세계를 안다고 생각하여 현실 속에서 임금이나 장관이 되려고 애쓰니 참으로 딱한 노릇이다. 나와 너는 지금 꿈을 꾸고 있는 것이다. 내가 너에게 꿈을 꾸고 있다고 말하고 있는 이 사실도 꿈이다.

─ 『장자』 「제물론」

이 세상의 삶은 인간이 스스로 만들어낸 의식 속에서 만들어낸 것이기 때문에 본래 모습이 아니다. 이러한 의미에서 이를 꿈꾸고 있는 것으로 이해할 수 있다.

아침에 곡을 하고 울어야 할 사람이 꿈에 술을 마시고 즐기는 경우도 있고, 아침에 사냥을 할 사람이 꿈에 곡을 하고 우는 경우도 있다. 그러나 그것은 모두 사실이 아니다. 즐거운 꿈을 꾸면 꿈속에서는 즐겁고 슬픈 꿈을 꾸면 슬프다. 모든 꿈은 꾸기 나름이다. 이 세상의 삶도 꿈으로 이해한다면 울고 웃는 일도 얼마든지 바뀔 수 있다. 어떤 꿈을 꾸는가에 따라서 달라지듯이 인간의 의식 속에 어떠한 가치를 입력하는가에 따라서 달라진다. 인간의 의식 속에 입력한 가치기준에 따라 울고 웃는 모든 감정은 본래의 것이 아니므로, 사실은 울고 웃고 할 것이 없다. 꿈에서 깨어야 진실한 세계가 되듯이 인간의 의식에서 벗어나야 본래 모습이 드러난다. 백일 된 아이는 발가벗고 있으면서도 방긋방긋 웃고 있지만, 나이든 아가씨는 온갖 치장을 하고서도 찡그리고 있다. 그 이유는 어디에 있는가?

인생은 나비의 꿈

전에 내가 꿈에 나비가 된 적이 있었다. 그때는 분명히 훨훨 나는 나비로서 스스로 만족하고 있었으므로 내가 장자인 줄을 알지 못했다. 그러나 꿈을 깬 뒤에는 엄연한 장자로 돌아왔다. 그러니 이제 알 수 없게 되었다. 나의 꿈에 나비가 되었던 것인가? 아니면 나비의 꿈에 현재의 내가 되어 있는 것인가? 나비와 나는 차이가 있을 터이지만 알 수가 없다. 내가 나비인 것 같기도 하고 나비가 나인 것 같기도 하다. 나는 하나의 자연물로 되어버렸다.

　　　　　　　　　　　　　　　　　－『장자』「제물론」

나비가 되어서 날아다녔으나 깨고 나니 꿈이었다. 꿈을 꾸고 있는 동안에는 분명 나는 나비였다. 그런데 지금은 왜 아닐까? 꿈은 꾸기 나름이다. 스스로 나비 꿈을 꾸면 나비가 되고, 임금 꿈을 꾸면 임금이 된다. 그러나 그것은 꿈을 꾼 것이지 사실이 아니다. 그것처럼 지금의 내가 '나'라고 규정한 것, 내가 '사람'이라는 것, 내가 '선생'이라는 것 등은 의식에서 만들어낸 것이므로 꿈꾸고 있는 것과 다를 것이 없다. 이 꿈을 깨고 보면 나는 내가 아니고 나는 선생이 아니다. 그냥 하나의 자연이다. 물이 흐르는 것도 자연이고, 태양이 솟아오르는 것도 자연이다. 나비가 나는 것도 자연이고, 내가 아침에 일어나고 저녁에 자는 것도 자연이다. 이미 내가 아니고 자연물이다.

임금이라는 허상

송나라 사람이 장보라는 이름의 모자를 장사 밑천으로 삼아 월나라에 갔다. 그러나 월나라 사람들은 머리를 자르고 문신을 하고 있었으므로 소용이 없었다.

요임금이 천하의 백성을 다스리고 사방의 정치를 평정한 후 묘고야산에 있는 네 신선을 찾아갔다가 멍하니 천하의 일을 잊었다.

　　　　　　　　　　　　　　　　　　　　－『장자』「소요유」

사람은 모두 각자 살아가는 방식이 있다. 각자 터득한 방식은 삶의 무기가 되고 밑천이 된다. 영어실력이 뛰어난 사람이나 일류대학을 나온 사람은 그것이 삶의 무기가 될 수 있다. 적극적인 사람은 적극적인 방식으로, 소극적인 사람은 소극적인 방식으로 각자의 삶의 무기를 개발한다. 삶의 무기가 뛰어난 사람일수록 경쟁에서 유리한 고지를 점령할 수 있다.

인간사회에서 여러 경쟁이 있지만, 그 경쟁 중에서 가장 높은 고지를 점한 사람이 정치권력을 장악한 왕이고 대통령이다.

그러므로 왕이나 대통령은 어디를 가더라도 대접받고 존중받는다. 국왕이나 대통령을 맞이하는 사람은 스스로를 영광스럽게 생각하며 그를 상석에 앉히는 등 각종의 예를 표한다. 그러나 인간사회의 삶이 꿈이라는 것을 알고, 꿈의 세계에 관여하지 않는 사람들에게는 왕이나 대통령이 나타난다 하더라도 전혀 동요하지 않을 뿐만 아니라, 태도에 아무런 변화도 보이지 않는다. 묘고야산의 신선들이 바로 그렇다. 요임금이 그들을 찾아가도 그들은 특별한 예를 차리지 않았다. 요임금은 그들이 자기가 온 것을 모르고 있는 줄 알고 "제가 왔습니다." 하고 인사해보았지만, 그들은 여전히 "그런가?"라는 말 이상의 반응을 보이지 않았다. 요임금은 그들이 자기가 임금인 줄 모르는 것으로 생각하고 다시 말을 건네었다. "저……, 저는 임금인데요." 그러나 그들은 여전히 "그런가?" 하고 말할 뿐이었다. 요임금은 당황하기 시작했다. 세상 사람들이 우러러보는 권좌건만 이들은 어찌 이다지도 무관심하단 말인가. 왕이라는 자리가 이들에게는 아무런 의미도 없단 말인가. 요임금은 매우 비싼 모자를 장만하여 그것으로 한 밑천 잡아보겠다고 멀리 월나라에 갔던 송나라의 바보가 생각났다. 송나라에서 비싸게 여긴 물건이라 하여 월나라 사람들도 좋아하는 것은 아니었다. 왕의 권위나 대통령의 가치도 이와 같다. 지위와 권위는 인간이 만들어 낸 꿈같은 세계에서만 통용된다. 진실의 세계, 참된 세계에서는 그것이 통용되지 않는다. 이를 파악한 요임금은 그만 멍해지고 말았다. 더 이상 임금 자리에 미련이나 집착을 갖지 않게 된 것이다.

인생이란 무엇인가?

인간은 자기가 만들어낸 의식의 세계에서 살고 자기가 만들어낸 가치기준에 따라서 삶을 영위한다. 그런데 자기가 만들어낸 의식의 세계는 유한하고 추구하는 가치도 유한하다. 그러므로 무한한 세계와 무한한 가치에서 본다면 인간의 삶은 극히 조그만 것에 지나지 않는다. 이러한 의미에서 본다면 인간은 우물 안 개구리다.

인생은 우물 안 개구리

가을의 홍수가 한꺼번에 넘쳐 숱한 강물이 황하로 흘러들었다. 물의 흐름이 질펀하게 널리 퍼져서 강 너머에 있는 소와 말을 분간할 수 없을 정도가 되었다. 이때 황하를 관장하는 황하의 신(神) 하백(河伯)은 기뻐서 좋아하며, 천하의 아름다움이 모두 자기에게 있다고 생각했다. 흐름을 따라 동쪽에 있는 바다에 이르러 동쪽으로 바라보니, 얼마나 넓은지 물의 끝이 보이지 않았다. 이를 본 하백은 비로소 얼굴을 돌려 멍해진 상태로 북해의 신인 약(若)을 향해서 감탄하며 말했다.

"속담에 '백가지의 도를 들으면 자기보다 나은 자가 없다고 생각한다.'라는 말이 있는데, 이 말은 나를 두고 하는 말입니다. 나는 일찍이 '공자의 견문은 별것이 아니고 백이의 행실은 보잘 것이 없다.'라는 말을 들었으나 지금껏 믿지 않았었습니다. 그런데 지금 나는 당신의 무궁한 모습을 직접 목격했습니다. 내가 당신의 문전에 오지 않았다면 큰일 날 뻔 했습니다. 나는 큰 도를 가진 사람들에게 영원한 웃음거리가 되었을 것이니까요."

북해약(北海若)은 말했다.

"우물 안에 있는 개구리는 좁은 공간에 사로잡혀 있기 때문에 바다에 대해서 말을 해도 소용이 없고, 여름에 사는 벌레는 더운 계절 밖에 모르기 때문에 얼음에 대해서 말을 해도 소용이 없으며, 왜곡된 사람은 자기의 생각에 사로잡혀 있으므로 진리를 말해줄 수 없지만, 지금 그대는 골짜기에서 나와 큰 바다를 보고 비로소 그대의 수준을 알았으니, 그대에게는 큰 이치를 말해도 될 것 같네. 천하의 어떤 물도 바다보다 더 큰 물은 없소. 모든 강물이 그칠 줄 모르고 바다로 흘러들어도 바다는 불어나지 않고, 반대로 바다는 조금도 쉬지 않고 모든 강으로 물을 흘려보내지만 조금도 줄어들지 않소. 봄이나 가을이나 차이가 없으며 홍수가 나거나 가뭄이 들어도 변함이 없소. 강물의 흐름과 어느 정도의 차이가 있는지 비교할 수도 없소. 그렇지만 나는 아직 이러한 이유를 가지고 나 스스로를 많다고 생각한 적이 없소. 왜냐 하면 나는 나의 형체를 천지에 의탁하고 있으며, 나의 기운은 음양에서 받은 것으로 천지 사이에 있는 나의 존재는 태산에 있는 조그만 돌이나 조그만 나무와 같은 것이기 때문이오. 그러니 나보다 적은 것을 보았다고 해서 어떻게 나를 많다고 하겠소? 생각해 보면 하늘과 땅 사이에 있는 이 세상도 마치 커다란 못 속에 있는 작은 구멍과 같은 것이 아니겠소? 서울이 넓지만 그것이 지구에 있다는 점을 생각해 본다면 돌피나 쌀알이 큰 창고 속에 있는 것과 무엇이 다르겠소? 이름 있는 물체의 수는 만 가지나 되는데 사람은 그 중 하나에 불과하오. 더구나 사람은 곡식이 생기는 땅이나 배나 수레가 통하는 곳 중에서 극히 제한된 곳에서만 살고 있으므로, 사람을 만물에 비유하자면 말의 몸에 붙어 있는 터럭의 끝처럼 왜소한 것이 아니겠소? 옛날 오제(伍帝)가 차례로 왕위를 이어받은 일이나 삼왕이 독재자와 싸워서 나라를 이룩한 일, 훌륭한 사람들이 세상을 걱정하여 많은 것을 남긴 일, 유능한 사람이 나라를 위하여 수고한 일 등이 모두 이처럼 사소한 것이오. 백이는 임금 자리를 사양하여 명성을 얻었고, 공자는 진리를 말해서 박식하게 되었으나, 이들이 스스로 뛰어난 점이 많다고 여긴다면 그것은 아까 그대가 스스로 많은 물이라고 여겼던 것과 같은 것이 아니겠소?"

하백이 다시 물었다.

"그렇다면 하늘과 땅은 크고 터럭의 끝은 작다고 생각해도 되겠습니까?"

이에 북해약이 대답했다.

"아니, 안되오. 공간은 무한하고 시간은 무궁하며, '내 것'이라는 것은 영원한 것이 없고, 시작과 끝이 일정한 선이 있는 것이 아니라오.

그러므로 큰 지혜를 가진 자는 공간의 본질에 대해서 안다오. 그래서 그는 작은 것을 보더라도 더 작은 것보다는 크다는 것을 알기 때문에 그것을 무시하지 않고, 큰 것을 보더라도 더 큰 것보다는 작다는 것을 알기 때문에 그것을 대단하게 생각하지 않는다오. 그는 이미 공간이 무한하다는 것을 알고 있기 때문이라오.

그는 또 시간의 본질에 대해서 안다오. 그래서 그는 먼 옛날의 일이라고 하더라도 더 옛날에 비해서는 가까운 것임을 알기 때문에 그것을 아득하게 생각하지 않고, 최근의 일이라 하더라도 지금의 일보다는 오래된 것임을 알기 때문에 새롭게 생각하지 않소. 이미 시간이 무궁하다는 것을 알고 있기 때문이라오.

그는 또 물질의 본질에 대해서 안다오. 그래서 그는 무엇을 얻었다고 하더라도 그것이 곧 없어진다는 사실을 알기 때문에 기뻐하지 않고, 무엇을 잃었다 하더라도 그것이 본래의 상태로 돌아간 것임을 알기 때문에 슬퍼하지도 않는다오. 그는 이미

'내 것'이라는 것이 영원한 것이 아님을 알기 때문이오.

그는 또 생사의 이치를 알기 때문에 태어나도 기뻐하지 않고 죽어도 재앙으로 여기지 않는다오. 그는 이미 시작과 끝이 차이가 없다는 사실을 알고 있기 때문이오. 생각해 보면 사람이 알고 있는 것은 모르는 것에 비하면 빙산의 일각이고, 사는 시간은 살지 않는 시간에 비하면 구우(九牛)의 일모(一毛)에 지나지 않소. 지극히 작은 것을 가지고 지극히 큰 것을 다 파악하려 한다면, 그럴수록 더욱더 혼란스럽게 되어 아무것도 얻을 수 없게 되오. 이렇게 본다면 터럭의 끝을 지극히 작은 것이라고 단정할 수 없으며, 천지를 지극히 큰 것이라고 단정할 수 없다오."

듣고 있던 하백이 다시 물었다.

"세상의 논객들은 모두 '지극히 정밀한 것은 형체가 없고, 지극히 큰 것은 에워쌀 수가 없다.'라고 하는데 그것은 맞는 말입니까?"

북해약은 대답했다.

"작은 것에서 큰 것을 보면 다 볼 수가 없고 큰 것에서 작은 것을 보면 분명하게 알 수가 없다오. 정밀한 것은 작은 것 중에서도 미세한 것이고 거대한 것은 큰 것 중에서도 넉넉한 것이라오. 그러므로 다르게 정의를 내리는 것은 편의상 그렇게 하는 것이고 방편으로 그렇게 하는 것이오. 정밀하다거나 거대하다는 것은 형체가 있는 것을 의식하고 하는 말이라오. 형체가 없는 것은 수치로 나눌 수 없고, 에워쌀 수 없는 것은 수치로 표현할 수 없다오. 말로 표현할 수 있는 것은 물질의 외형적인 것이고, 마음으로라야 파악할 수 있는 것은 물질의 정밀한 부분이라오. 물질적 개념이 아닌 것은 말로도 표현할 수 없고 마음으로도 파악할 수 없다오. 그러므로 대인은 남을 해치는 일을 하지 않고 남에게 베푸는 것을 좋게 여기지도 않으며, 움직이더라도 이익을 추구하지 않지만 문지기나 노예를 천시하지도 않는다오. 또 재물을 다투지는 않지만 양보를 미덕으로 여기지도 않소. 일을 할 때에는 남의 힘을 빌리지 않지만, 그렇다고 자기 힘으로 살아가는 것을 자랑하지도 않소. 탐심을 내는 것이나 더러운 짓을 하는 것을 보고도 천하게 생각하지 않고, 행동이 세속과 다르지만, 그렇다고 괴이한 행동을 좋아하지도 않소. 대중을 따라서 그들과 한마음이 되어 행동하지만 그렇다고 아부하거나 아첨하는 것을 천하게 생각하지도 않소. 세속적인 부귀를 얻는다 해도 좋아하지 않으며, 형벌을 받거나 부끄러운 일을 당해도 치욕으로 생각하지 않소. 옳고 그른 것이 다른 것이 아니고 작고 큰 것이 다른 것이 아님을 알고 있기 때문이라오. 옛말에 '도를 터득한 사람은 유명해지지 않고, 순수한 본래성을 가진 사람은 자기의 소유로 여기는 것이 없으며, 대인은 자기의식이 없다.'라고 하오만, 이것이야말로 자기의 본분을 지킨다는 것의 극치라오."

하백이 다시 물었다.

"물질을 초월하는 차원입니까? 아니면 물질적인 차원입니까? 어디에서 귀천의 구분이 생기고 어디에서 대소의 분별이 생깁니까?"

북해약이 대답했다.

"도의 차원에서 본다면 만물에는 귀천이 없지만, 물질적 차원에서 본다면 자기를 귀하게 여기고 남을 천하게 여기게 되오. 세속의 입장에서 본다면 대중의 평가에 따르게 되므로 귀천의 구별은 자기의 판단과 무관하게 된다오.

사물의 각기 다른 점을 중심으로 볼 때 큰 면을 강조하여 크다고 한다면 만물 중에 크지 않은 것이 없고, 작은 면을 강조하여 작다고 한다면 만물 중에 작지 않은 것이 없다오. 하늘과 땅이 돌피나 쌀알 같이 작다는 사실을 알고 터럭 끝이 언덕이나 산만큼 크다는 것을 안다면 크기의 판단기준이 상대성에서 나온다는 사실을 알 수 있다오.

쓸모라는 측면에서 볼 때 쓸모가 있는 면을 강조하여 쓸모가 있다고 한다면 만물 중에 쓸모가 없는 것이 없지만, 쓸모없는 면을 강조하여 쓸모없다고 한다면 만물 중에 쓸모 있는 것이 없게 된다오.

동쪽과 서쪽이 서로 반대 방향에 있지만 한 쪽이 없으면 다른 한 쪽도 성립될 수 없다는 것을 안다면 사물의 효용성의 본질이 분명해진다오. 각자의 가치기준을 가지고 볼 때 옳다고 여겨지는 것을 강조하여 옳다고 한다면 옳지 않은 것이 없지만, 옳게 보이지 않는 면을 강조하여 옳지 않다고 한다면 옳은 것이 없게 된다오. 요임금 같은 성인이나 걸과 같은 악인도 각각 자기를 옳다고 하고 상대를 그르다고 한다는 사실을 보면, 가치의 상대성을 알 수 있소. 옛날 요임금과 순임금은 선양을 하여 평화적으로 임금이 되었고, 연나라의 임금인 자지(子之)와 자쾌(子噲)는 임금 자리를 양보하려다가 목숨을 잃었으며, 탕 임금과 무왕은 전쟁을 일으켜서 임금이 되었고, 초나라의 백공은 전쟁을 일으켜서 멸망했다오. 이러한 일로 볼 때 전쟁을 일으키는 것이나 양보를 하는 것, 또는 요임금의 행위나 걸 임금의 행위가 때에 따라 귀해지기도 하고 천해지기도 하니 일정한 기준이 있는 것이 아니라오. 또 대들보나 기둥 같은 큰 나무는 성문을 부술 수가 있지만 구멍을 막을 수가 없으니 그것은 용도가 다른 까닭이고, 천리마는 하루에 천리를 달릴 수 있지만 쥐를 잡는 데는 고양이나 살쾡이만 못하니 그것은 재주가 다른 까닭이오. 부엉이나 올빼미는 밤중에 벼룩을 잡으며 털끝도 살필 수 있지만 낮에 나오면 아무리 눈을 부릅떠도 산이나 언덕을 볼 수 없으니 그것은 각기 능력이 다르기 때문이라오.

그러므로 '옳은 것을 좋아하고 그른 것을 싫어하며, 질서 있는 것을 좋아하고 혼란한 것을 싫어해야 한다.'라고 하는 것은 천지의 이치와 만물의 실상을 모르는 것이라오. 그것은 마치 하늘을 좋아하고 땅을 싫어하며, 음을 좋아하고 양을 싫어하는 것과 같은 것이니 불가함이 명백하오. 그런데도 여전히 그것을 주장하며 멈추지 않는다면, 그는 바보가 아니면 속이는 것이오. 옛날의 제왕은 왕위를 전하는 방법이 달랐고, 하나라, 은나라, 주나라 삼대의 임금들도 왕위 계승방법이 달랐소. 단지 사람들은 그 시대에 어긋나고 세속의 가치를 거스르는 것을 역

적이라 하고, 시대에 따르고 세속의 가치에 따르는 것을 의로운 무리라고 하는 것일 뿐이오. 하백, 그대는 잠자코 있으시오. 그대가 어찌 귀천이 생기는 이치와 대소의 개념이 성립하는 이치를 알 수 있겠소?"

메추리 같은 인생아!

북쪽 바다에 곤(鯤)이라고 하는 물고기가 있었다. 그 넓이가 수 천리이고, 그 길이는 알 수가 없다. 붕(鵬)이라는 새가 있었다. 등이 태산 같고 날개는 구름을 드리운 것 같았다. 회오리바람을 타고 구만리 구름 위로 올라가서 푸른 하늘을 등지고 남쪽으로 날아간다. 이를 본 메추리가 다음과 같이 비웃었다. "저 새는 어디에 가는가? 나는 몇 길을 날아올랐다가 도로 내려와 쑥대밭 사이를 배회하지만 이 정도면 된 것이다. 저 새는 어디를 가는가?"

— 『장자』「소요유」

요즘은 자기 삶에 만족하는 사람이 많다. 넓고 깨끗한 집에서 살고, 국제적으로 유명한 상표가 붙은 옷을 입으며, 일주일에 한두 번쯤 외식을 하고, 때때로 영화를 보고 음악을 감상하는 등 문화생활을 누리며, 가끔은 독서도 한다. 이 정도면 삶의 질이 높은 문화인에 속한다고 생각한다. 그러면서 그들은 인생을 고민하는 것을 보고, 어려운 한문으로 된 책을 읽는 것을 보고, 도를 닦는 것을 보면, 쓸 데 없는 일을 한다고 생각한다. 그들은 재물을 얻는 일, 명예를 얻는 일, 또는 권력을 얻는 일을 가장 가치 있는 것이라고 생각한다.

그러나 이러한 삶이 값진 것일까? 그들이 생각하는 만큼 삶의 질이 높은 것일까? 한평생을 마감하는 자리에서도 자신의 삶이 값진 것이었다고 생각할 수 있을까? 숨이 끊어지는 그 순간에도 자신의 삶이 만족스러웠다고 생각할 수 있을까? 혹시 모든 것이 허망하게 느껴지지는 않을까? 만약 모든 것이 허망하게 느껴질 것이라는 생각이 든다면 이러한 삶의 방식을 고수할 수 없다. 삶은 무엇일까? 죽음은 무엇일까? 죽음으로 끝나지 않는 삶은 없을까? 이러한 문제를 해결하기 위한 노력에 주력하게 될 것이다. 붕은 바로 이러한 사람을 말한다. 붕은 뜻이 크다. 붕의 삶은 차원이 높다. 구만리 상공으로 올라가 남쪽으로 날아간다. 그러나 붕의 뜻을 이해하지 못하는 메추리는 그것을 비웃는다. 구만리 상공으로 올라가서 무엇을 한단 말인가? 여기서 푸득푸득 날라 이 나무에서 저 나무 사이로 날아다니고 쑥대밭 위를 배회하고 살아도 만족할 수 있는 것을 저 붕은 무엇 때문에 저런 헛수고를 한단 말인가?

메추리가 붕의 뜻을 모르듯이 많은 사람들은 인생을 고민하는 사람들의 뜻을 모른다. 그들은 자기들이 수준 높은 문화인이라고 생각하지만 사실은 메추리 같은 인생이다. 슬프고 불쌍하지 아니한가!

인생은 노예

똑똑한 사람은 자기 재주를 쓸 수 있는 비상사태가 오지 않으면 즐겁지 않고, 말 잘하는 사람은 변론할 수 있는 기회가 오지 않으면 즐겁지 않으며, 식견이 있는 사람은 식견을 내세울 수 있는 일이 생기지 않으면 즐겁지 않다. 이들은 모두 외물(外物)에 사로잡힌 자들이다.

훌륭한 인물을 불러들이는 자는 조정에서 이름을 높이고, 사람들을 잘 다스리는 자는 영예로운 관직을 얻게 되며, 힘 센 자는 어려운 일이 닥칠수록 자랑스럽게 되고, 용감한 자는 환난을 만나면 분발하며, 장군은 전쟁이 일어나는 것을 즐거워하고, 청렴한 사람은 명예를 존중하며, 법률가는 법망을 넓히고, 예악을 받드는 자는 용모를 중시하며, 인의를 내세우는 자는 교제를 중시한다. 농부는 김맬 일이 없으면 괴로우며, 상인은 매매할 일이 없으면 괴롭고, 서민은 그날그날 할일이 있으면 열심히 하며, 기술자는 정교한 기계가 있으면 열심히 일한다. 욕심 많은 사람은 재물이 쌓이지 않으면 괴로워하고, 뽐내는 자는 권력을 손에 넣지 못하면 슬퍼한다. 그러므로 권세와 재물을 추구하는 자는 그것을 손에 넣을 기회를 잡기 위하여 변화가 일어나기를 기다린다. 이러한 사람은 기회만 주어지면 목적 달성을 위해 전력투구하므로 무위자연의 삶을 누릴 수 없다. 이들은 외물에 끌려 다니므로 자연의 모습으로 살아갈 수 없다. 자기의 육체와 정신을 바쁘게 움직여 외물에 빠진 채 평생

토록 본연의 자기로 돌아오지 못하니 슬픈 일이 아니겠는가!
— 『장자』 「서무귀」

노예는 자신의 삶을 살지 못하고 주인을 위해서 사는 자들이다. 목적의식을 가지고 목적을 달성하기 위해서 사는 사람들도 따지고 보면 목적의 노예인 셈이다.

돈을 벌기 위해서 노심초사하는 사람들은 언제나 돈에 끌려다닌다. 그들은 돈의 노예다. 권력을 중시하는 사람들은 언제나 권력을 손에 넣을 목적으로, 그리고 손에 넣은 사람들은 그 권력을 유지하기 위해 노심초사한다. 그들 역시 권력이라는 괴물을 위해 살고, 괴물을 위해서 평생을 바치는 노예들이다. 권력이나 재물은 인간이 만들어낸 가공의 가치기 때문에 본래적인 것이 아니다. 인간이 가공의 가치를 만든 뒤 그것을 주인으로 모시고 스스로 노예가 되면 평생을 그것에 얽매여 헤어나기 어렵다. 가공의 가치를 만들기 이전의 갓난아이는 돈을 좋아하지 않고 권력자를 보아도 두려워하지 않는다. 또 죽음이 목전에 다다라 숨이 넘어갈 즈음이 되면 가공의 가치는 의미를 상실할 것이다.

노예의 삶에서 벗어나는 길은 인간의 의식 속에 만든 가공의 가치를 지우는 길 밖에 없다. 가공의 가치가 지워지면 일체의 목적의식이 사라지기 때문에 자연의 상태로 돌아갈 수 있다. 그러므로 지금 우리가 목적으로 삼아야 할 것은 오직 목적이 없는 삶을 사는 것이다. 인간이 목적으로 하는 여타의 목적

은 목적을 달성하고 나면 다시 더 큰 목적이 생겨나기 마련이
지만, 목적이 없는 삶을 사는 것이 목적인 경우는 목적을 달성
하고 나면 더 이상의 목적이 없어진다.

정치라는 소꿉장난

　사람들은 자신이 만들어낸 의식을 가지고 사회를 만들고 그 사회에서 살아간다. 정치제도와 경제제도, 교육제도를 만들어 그 제도 속에서 살아간다. 대통령이라는 직책을 만들고 장관이란 직책을 만들며, 사장이란 직책을 만들고 선생이란 제도를 만든다. 그리고는 그 직책을 차지하기 위해서 서로 전력투구한다. 이는 마치 어린아이들이 소꿉장난을 하는 것과 같다. 어린아이들이 모여서 가상으로 부모 역할과 의사 역할, 두목 역할을 만들어 놓고 역할을 분담하여 실제인 것처럼 흉내 내며 재미나게 노는 것이 바로 소꿉장난이다. 소꿉장난을 하던 아이가 지나가던 어른에게 함께 놀자고 한다면 어른은 어떻게 하겠는가? 아마 왕을 시켜준다고 해도 소꿉장난에 참가하지 않을 것이다. 어른은 그것이 실제가 아닌 것을 알기 때문이다.

이와 마찬가지로 인간의 삶이 소꿉장난임을 아는 사람은 비록 왕을 시켜준다고 하더라도 참여하지 않을 것이다. 장자는 정치에 참여하는 것을 거부했다. 그는 소꿉장난이 아닌 본래 세계에 머물러 있기 때문이다. 『장자』에서 왕이 되기를 거부하고 정치에 참여하기를 거부하는 참인간의 예를 몇 가지 소개한다.

임금 노릇을 마다한 허유

요임금이 허유에게 천하를 양보하면서 말했다.

"해와 달이 나왔는데 횃불이 꺼지지 않으면 그 빛을 내는데 어렵지 않겠는가. 단비가 내렸는데 물을 대면 헛수고가 되지 않겠는가. 선생께서 즉위하시면 천하가 잘 다스려질 텐데 여전히 내가 다스리고 있으니 스스로 보기에도 민망합니다. 천하를 바치겠습니다."

허유가 대답했다.

"그대가 천하를 다스려 천하가 그런대로 안정되었소. 그런데도 내가 그대를 대신한다면 명예를 좋아하는 것이 아니겠소. 명예란 실질의 껍데기일 뿐이오. 나보고 껍데기를 추구하란 말이오? 뱁새는 깊은 숲에 둥지를 틀어도 나뭇가지 하나면 되고, 두더지는 황하수를 마셔도 배를 채우면 그만인 것을……. 돌아가서 쉬시오. 그대여. 나는 천하를 생각할 것이 없소. 제사를 지낼 때 요리하는 사람이 비록 요리를 잘 하지 못하더라도 시동(尸童)이나 축관(祝官)이 제기를 넘어가서 대신하지 않는 법이라오."

－『장자』「소요유」

서양의 철학자인 디오게네스는 일생을 통해서 한 벌의 옷만 걸쳐 입고 한 자루의 지팡이와 괴나리봇짐 이외는 아무 것도 몸에 지니지 않고 통 속에서 살았다. 당시 최고 권력의 자리에 있었던 알렉산더 대왕이 그가 살고 있는 곳을 찾아가서 그에게 소망하는 바가 무엇인가고 묻자 디오게네스는 아무것도 필요 없다고 하면서 햇빛을 가리지 말아달라고 말했다는 이야기가 있다. 아마 그는 사회 속에서 경쟁하는 사람들의 삶을 소꿉장난으로 생각했던 모양이다.

진흙 속의 거북이

장자가 복수라는 강에서 낚시를 하고 있었는데, 초왕이 보낸 대부 두 사람이 찾아와 왕의 뜻을 전달하며 말했다.

"원컨대 나라의 정치를 맡기고 싶습니다."

장자는 낚싯대를 잡은 채 돌아보지도 않고 말했다.

"초나라에 신령스런 거북이가 있는데 죽은 지 3,000년이나 되었다더군. 왕께서는 그것을 헝겊으로 고이 싸서 상자에 넣고 묘당 위에 간직하고 있다지만, 거북이는 죽어서 뼈를 남긴 채 귀하게 받들어지기를 바랐을까? 아니면 살아서 꼬리를 끌며 진흙 속을 다니기를 원했을까?"

두 대부는 대답했다.

"그야 살아서 진흙 속에서 꼬리를 끌며 다니기를 원했겠죠."

그러자 장자는 말했다.

"가시오. 나는 진흙 속에서 꼬리를 끌고 다니겠소."

— 『장자』 「추수」

진흙탕 속에서 허우적거리며 살아가는 거북이는 깨끗하지 않고 편하지도 않지만, 자신의 생명을 가지고 자연의 모습으로 살아간다. 이와 반대로 깨끗하게 칠해진 상태로 부잣집 거실에 감상용으로 걸려 있는 거북이는 이미 생명을 잃은 상태로 남에게 보이기 위해서 걸려 있는 것이다.

정치라는 소꿉장난에 참여하는 것은 부잣집 거실에 걸려 있는 감상용 거북이와 같다. 인간의 삶은 소꿉장난과 같은 것이므로 이미 진실한 모습이 아니다. 또 인간 사회에서 '나'라는 의식을 가지고 살아가면, 바로 '너'를 의식해야 하고, '남'을 의식해야 한다. 그렇게 되면 나의 삶은 남을 의식하는 삶으로 바뀐다.

남에게 부끄럽지 않기 위하여 몸을 가꾸어야 하고, 남에게 폐를 끼치지 않기 위하여 교양을 쌓아야 한다. 특히 정치에 참여하게 되면 자신의 정치생명을 유지하기 위해 늘 유권자를 의식해야 하며, 끊임없이 정적의 동향을 살펴야 한다.

이처럼 정치가의 삶은 언제나 남을 의식하는 삶으로 이어지는 것이다. 마치 자신의 생명을 잃고 남을 위해서만 존재하는 거실의 거북이와 같은 것이다. 이를 간파하고 있는 장자는 정치에 가담할 까닭이 없다.

진리를 찾아가는 길

　　현재의 인생은 본래의 모습이 아니다. 현재의 인생은 너무나 왜소한 것이다. 현재의 세계는 본래 세계가 아니라 가공의 세계다. 가공의 세계에서 사는 인생은 진실이 아니라 꿈이다. 그리고 그 꿈같은 인생조차도 너무나 슬픈 인생이다.

　　이를 자각한다면 사람은 본래의 모습으로 돌아가지 않을 수 없다. 장자는 본래의 모습으로 돌아가는 길과 방법을 제시하고 있다.

네 단계의 인생

일반 사람의 삶

지혜가 하나의 관직을 감당할 만하고, 행실이 한 고을에 소
문날 정도로 유명하며, 능력이 한 임금을 섬기기에 충분하여
한 나라에서 활약할 정도가 되는 사람은 스스로를 대견스럽게
생각하고 만족해한다.

－『장자』「소요유」

사람들은 대부분 남들과의 경쟁에서 승리를 거두는 것을 성
공으로 여긴다. 그러나 경쟁에서의 승리는 여러 단계가 있다. 일
류 대학에 합격하는 것도 일종의 승리고, 좋은 직업을 얻는 것
도 승리다. 좋은 배우자를 만나 결혼하는 것도 승리고, 좋은 주
택을 장만하는 것도 승리다. 그러나 이러한 승리에는 여러 가
지 층이 있게 마련이다. 최고의 승리란 지극히 어렵다. 정치적
인 면에서 최고의 승리란 대통령이 되는 것이고, 경제인으로서
최고의 승리란 재벌의 총수가 되는 것이며, 군인으로서 최고의
승리란 총사령관이 되는 것이다. 그러나 그러한 승리는 지극히
어렵다. 사람들은 최고의 승리를 획득한 사람들을 부러워한다.
그들이 부러울수록 열등감을 느끼기 마련이다. 그러므로 인생
은 열등감으로 점철된다.

열등감을 해소하는 하나의 방안은 자기보다 열세에 놓인 사
람들을 보면서 그들에게 우월감을 가지는 것이다. 그러므로 많

은 사람들은 자기보다 나은 사람보다 못한 사람의 수가 많아질 수록 스스로를 대견스러워하면서 의기양양하게 살아간다. 국회 의원이나 장관이 된 사람, 또는 대기업의 사장이 된 사람은 스스로를 대견스럽게 생각하고 스스로의 삶을 성공적인 삶으로 평가한다.

송영자의 삶

송영자는 경쟁에 몰두하고 있는 사람을 보고 빙그레 웃는다. 그는 온 세상 사람들이 칭찬해도 기뻐하지 않고, 온 세상 사람들이 비난을 해도 주저하지 않는다. 남들의 일과 자신의 일은 관련이 없으며, 남들의 평가는 영화로울 수도 없고 욕될 수도 없다는 것을 알기 때문이다. 그러나 그는 세상일에 대해서는 얽매이지 않지만 아직 삶의 이치에 대해서 파악하지 못한 것이 있다.

－『장자』「소요유」

송영자는 생각에 잠긴다. 자신의 일생은 눈 깜짝할 사이에 지나고 말 것이다. 그리고는 한 줌의 흙으로 돌아갈 것이다. 그렇게 되면 지금처럼 열심히 경쟁을 하여 승리한 것들이 무슨 의미를 가질 수 있을까? 송영자는 아무리 생각해도 별다른 의미를 발견할 수 없었다. 그는 지금까지와 같은 방식대로 살아갈 수 없게 되었다. 지금까지와 같은 방식의 삶은 결국 의미 없는 삶이 되고 말 것이기 때문이다. 그는 지금까지의 삶의 방식에서 벗어나 방황의 길로 들어섰다. 의미 있는 삶이 어떤 것인지 몰라 방황하기 시작한 것이다. 일단 방황의 길에 들어서고부터는 다른 사람에 대해서는 전혀 관심을 가지지 않게 되었다. 그들은 여전히 의미 없는 삶을 살아가고 있기 때문이다. 그들에게 칭찬을 받는 것이나 비난을 받는 것도 역시 한 줌의 흙과 함께 사라져 갈 것이므로 의미 없는 것이기는 마찬가지였다.

송영자는 세상일에는 얽매이지 않게 되었으나 아직 의미 있는 삶을 찾지 못했다. 그의 방황은 아직도 끝나지 않았다.

열자의 삶

열자는 바람을 타고 홀연히 갔다가 보름이 지난 뒤에라야 돌아온다. 그는 복을 구하는 데 초연하였다. 그는 다니는 것에서는 벗어났지만 아직 독립하지 못하고 의지하는 것이 있는 사람이다.

– 『장자』 「소요유」

열자는 송영자의 수준을 지났다. 그는 더 이상 방황하지 않을 수 있었다. 그는 방황을 하다가 참으로 의미 있는 삶을 살아가는 사람을 발견하였다. 절대로 후회하지 않을 인생길을 걸어간 사람을 만났다. 진리의 길을 걸어가는 사람을 만난 것이다. 그 사람은 공자일 수도 있고, 석가모니일 수도 있으며, 예수 그리스도일 수도 있다. 공자를 만났다면 공자의 인도에 의해서 진리를 터득할 수 있을 것이고, 석가모니를 만났다면 석가모니의 인도에 의해서 진리를 터득할 수 있을 것이며, 예수 그리스도를 만났다면 예수 그리스도에 의해서 진리를 터득할 수 있을 것이다. 송영자는 진리를 몰라서 해매고 있었으므로 고통스러웠지만, 열자는 그러한 고통으로부터 해방되었다. 그러므로 더 이상 복을 구할 필요가 없었다. 그러나 그는 독립하지는 못했다. 그는 타고 다닐 바람이 필요했다. 바람, 그것은 그를 진리로 인도해 줄 인도자다.

완전자의 삶

천지의 바른 것을 타고 여섯 기운을 번갈아 부리며 무궁한 경지에서 노니는 자는 어떻게 의지할 것이 있겠는가? 그러므로 말하기를 지극한 사람은 '자기'를 의식하지 않고, 신성한 사람은 '자기의 공'으로 여기지 않으며, 성스러운 사람은 '명예'를 생각하지 않는다.

– 『장자』 「소요유」

'나'라는 의식에서 벗어나 자연의 세계로 들어가면 완전자가 된다. 사다리를 타고 2층에 올라가면 더 이상 사다리가 필요 없듯이 완전자에게는 진리로 안내하던 유교, 불교, 기독교 등의 수단이 필요 없게 된다. 그는 천지와 하나가 되었다.

천지의 바른 것이란 하늘과 땅의 본래 모습을 말하고, 여섯 기운이란 음과 양과 바람과 비와 어두움과 밝음을 말한다. 천지의 바른 것을 탄다는 말은 본래의 모습으로 돌아가 천지와 하나가 됨을 뜻하고, 여섯 기운을 번갈아 부린다는 말은 자신의 삶이 자연현상과 일치함을 뜻한다. 본래의 모습으로 돌아간 자연인을 장자는 '지극한 사람'이라고도 하고, '신성한 사람'이라고도 하며, '성스러운 사람'이라고도 했다. 그들은 '나'라는 의식이 없기 때문에 자기를 내세움이 없고, 자기의 공으로 여기는 것이 없으며, 명예를 얻으려는 생각도 없다. 순수한 자연인 그 자체인 것이다.

진리를 찾는 길

덜어내고 또 덜어내는 것

지(知)라는 사람이 북쪽에 있는 현수 가에서 노닐다가 은분이라는 언덕에 올랐을 때, 마침 무위위(无爲謂)라는 사람을 만났다. 지는 무위위에게 말했다.

"저는 당신에게 묻고 싶은 것이 있습니다. 무엇을 생각하고 무엇을 헤아려야 도를 알 수 있으며, 어떤 곳에 있으면서 어떤 행동을 해야 도에 편히 머물 수 있으며, 무엇을 따르고 무슨 방법을 써야 도를 얻을 수 있습니까?"

세 번을 물었으나 무위위는 대답하지 않았다. 대답하지 않은 것이 아니라 답을 알지 못했다. 지는 더 이상 묻지 못하고 백수의 남쪽으로 돌아와 호결이라는 언덕에 올라가서 광굴(狂屈)을 만났다. 지는 같은 내용을 광굴에게 물었다. 그랬더니 광굴이 말했다.

"아아! 나는 그걸 알아. 자네에게 바로 말해주겠네."

그리고 말을 하려 하다가 말을 하려 한다는 사실을 잊었다. 지는 더 이상 물을 수가 없어서 궁궐로 돌아와 황제(黃帝)에게 물었다. 그랬더니 황제는 다음과 같이 대답했다.

"생각하지도 말고 헤아리지도 않아야 비로소 도를 알 수 있고, 어떤 곳에도 있지 말고 어떤 행동도 하지 않아야 비로소 도에서 편히 머물 수 있으며, 아무 것도 따르지 않고 아무 방법도 쓰지 않아야 도를 얻을 수 있다네."

지가 황제에게 물었다.

"이제 저와 당신은 도를 알았습니다. 그런데 저 무위위와 광굴은 도를 몰랐습니다. 그렇다면 이 둘 중에서 누가 옳은 것입니까?"

황제가 말했다.

"무위위야말로 참으로 아는 사람이다. 광굴은 진리에 가까이 간 사람이고 나와 자네는 아직 멀었다네. 아는 사람은 말을 하지 않고, 말을 하는 자는 알지 못한 것일세. 그러므로 성인은 말로 하지 않는 교육을 행한다네. 도는 오게 할 수 있는 것이 아니고, 덕은 세울 수 있는 것이 아니라네. 인(仁)은 해도 되는 것이고 의(義)는 하지 않아도 무방한 것이며, 예(禮)는 서로를 속이게 만드는 것이라네. 그러므로 성인은 '도를 잃은 뒤에 덕이 생기고, 덕을 잃은 뒤에 인이 생기며, 인을 잃은 뒤에 의가 생기며 예가 생긴다. 예는 도의 껍데기며, 혼란의 시발점이다.' 라고 하였으며, 또 '도를 닦는 것은 인간의 의식과 지식을 덜어내는 것이다. 덜어내고 또 덜어내어 무위자연의 경지에 이르는 것이니, 무위자연의 경지에 이르면, 하지 않으면서 하지 않음이 없게 된다.'라고 했네. 그런데 지금 만물 중 하나가 되어 있으면서 만물이 공통으로 가지고 있는 하나의 뿌리로 돌아가려 한다면 어렵지 않겠는가? 쉽게 해낼 수 있는 사람이 있다면 그는 오직 대인일 것이야. 삶이 있어야 죽음이 있기 때문에 삶은 죽음의 친구라 할 수 있다네. 또 죽어 흩어진 기운이 다시 모여 삶이 되므로, 죽음은 삶의 시작이라 할 수 있다네. 누가 그 이치를 알겠는가! 사람의 삶은 천지에 퍼져 있는 기운이 모인 것이라네. 또 기운이 모인 상태를 삶의 상태라 하고, 기운이 흩어진 상태를 죽은 상태라 한다네. 삶과 죽음이 서로 친구라면 나는 또 무엇을 걱정하겠는가! 그러므로 만물은 본질적으로 하나의 기운을 바탕으로 하여 성립되었으므로, 만물은 하나라고 할 수 있네. 그런데도 사람들은 신비하고 기이한 것은 아름답다고 하고, 냄새나고 썩은 것은 추악하다고 하네. 냄새나고 썩은 것이 다시 바뀌어서 신비하고 기이한 것으로 되기도 하고, 신비하고 기이한 것이 바뀌어서 다시 냄새나고 썩은 것이 되기도 한다네. 그러므로 '천하를 통틀어서 말하면 하나의 기운뿐이다.'라고 할 수 있네. 성인은 그래서 하나의 세계를 귀하게 여긴다네."

－『장자』「지북유」

본래 모습은 인간의 의식에 의해서 파괴되었으므로 궁극적으로는 의식의 작용을 중지할 때 모습을 드러낸다. 그러므로 본래 모습으로 돌아가기 위해서는 의식의 작용을 중단하는 노력을 해야 한다. 그 방법이 생각하지 말고. 헤아리지도 말고. 어떤 의지적인 행동도 하지 않는 것이다.

본래 모습을 도라 하고, 도를 실천하고 있었던 사람들의 능력을 덕이라 한다. 본래 모습을 상실하지 않아서 도와 덕이 있었을 때는 그것만으로 족했다. 그러나 본래 모습이 파괴되자 사람들은 남과 경쟁하게 되었다. 그래서 남과 경쟁하지 않고 서로 사랑해야 한다고 하는 인(仁)의 사상이 나왔고, 인의 사상이 제대로 실현되지 않으므로, 그것을 보충하기 위해서 의와 예가 나왔다. 그런데 이러한 덕목들이 나오자 사람들은 제대로 이해하지 못하고 실천하지 않으면 안 된다고 하는 강박관념을 가지게 되었으므로 오히려 사람들을 구속하는 요소가 되고 말았다. 마치 학문의 내용을 제대로 이해하기 위하여 실시하는 것이 시험인데, 시험을 잘 치러야 한다는 강박관념 때문에 시험을 위한 학문을 하게 됨으로써 학문이 사람을 괴롭히게 된 것과 같은 경우다. 그렇게 되면 차라리 그러한 학문이 없는 것이 나은 것처럼 인의예지가 나타나지 않는 것이 낫다.

본래 모습으로 돌아가기 위해서는 지금까지 쌓아온 의식이나 지식을 덜어내어야 한다. 덜어내고 또 덜어내어 아무 것도 남아있지 않을 때까지 덜어내어야 한다. 이렇게 하는 것이 도를 터득하는 비법이다.

크나큰 깨달음

안성자유(顔成子游)가 동곽자기(東郭子綦)에게 말했다.

"저는 선생님의 말씀을 듣고부터 1년이 지나서 순박해졌고, 2년이 지나서 고집이 없어졌으며, 3년이 지나서 외물과 내가 하나로 통하게 되었고, 4년이 지나서 '나'란 의식이 없어져 하나의 자연물처럼 되었으며, 5년이 지나서 자연의 이치가 나에게로 왔으며, 6년 만에 육체적 삶의 차원을 넘어섰고, 7년이 되어서 자연의 모습으로 돌아갔으며, 8년이 지나자 죽음과 삶을 벗어났고, 9년이 지나서 크나큰 깨달음을 얻었습니다.

– 『장자』「우언」

안성자유가 터득한 진리의 과정도 역시 본래 모습으로 돌아가는 것이었다. 진리로 향하기 시작한 그는 먼저 경쟁심과 욕심에서 벗어나 순박해졌다. 욕심이 없어지면 남에게 이겨야 한다는 고집을 부리지 않게 되고, 고집을 부리지 않게 되면 남과의 구별이 없어진다. 남과의 구별이 없어지면 '나'란 의식이 없어지고 자연으로 돌아가 자연의 삶을 영위하게 되는 것이다.

내 몸도 나의 것이 아니다

순임금이 승(丞)이라는 사람에게 물었다.

"도를 얻어서 소유할 수 있을까요?"

그러자 승이 대답했다.

"당신의 몸도 당신 것이 아닌데 당신이 어떻게 그 도를 얻어서 소유할 수 있다는 말입니까?"

이 말을 듣고 얼떨떨해진 순임금은 한참 있다가 마음을 진정하고 다시 물었다.

"내 몸이 나의 것이 아니라면 누구의 것입니까?"

"그것은 천지간의 기운이 잠시 모여서 된 물건이지요. 생명도 당신의 것이 아니라 천지의 기운이 잠시 화합한 것이고, 당신의 성질이나 마음도 당신의 것이 아니라 자연의 이치에 따라서 주어진 것이며, 자손도 당신의 것이 아니라 천지자연의 이치에 따라서 허물벗기를 한 것이지요. 따라서 사람은 모두 어디론가 가고 있으면서도 어디로 가는지 모르고, 무언가를 하고 있으면서도 무엇 때문에 하는지 모르며, 음식을 먹으면서도 그 맛이 어째서 있는지를 알지 못하지요. 모든 것을 움직이는 원동력은 천지 사이에 퍼져 있는 기운 그 자체이지요. 그러니 어떻게 그것을 얻어서 소유할 수 있겠습니까?"

– 『장자』「지북유」

몸이란 모음이다. 작은 물체가 다른 물체를 자꾸 모아들여서 오늘날의 형체가 된 것이다. 70%의 물과 쇠고기, 닭고기, 돼지고기 등을 모았고, 쌀과 채소와 과일을 모아서 만든 것이다. 그리고 다른 물질을 모아서 몸을 만드는 것도, 내가 하는 것이 아니라 자연의 생명력이 하는 것이다. 심장을 뛰게 하고, 숨을 쉬고, 밥을 먹고, 잠을 자는 것도 엄밀히 말하면 내가 하는 것이 아니다. 모두 자연이 하는 일이다. 내 몸만 그런 것이 아니라 남도 모두 그러하며, 사람만 그러한 것이 아니라 동식물이나 무생물도 그러하다. 모든 물질은 그러한 방식으로 유지하도록 입력된 컴퓨터와 같다. 이렇게 생각하고 보니까 지금까지 나의 것이라고 생각해 왔던 나의 몸도 나의 것이 아니라 자연의 이치대로 유지되고 있는 자연물임을 알 수 있다.

내 몸뿐만 아니라 내 감정이나 마음도 나의 것이 아니다. 배가 고프면 먹고 싶고, 피곤하면 쉬고 싶으며, 남자는 여자를 좋아하고, 여자는 남자를 좋아한다. 이러한 인간의 감정은 본래 자기의 감정이 아니다. 조물주가 인간의 몸에 그렇게 반응하도록 감정을 넣어 놓았기 때문이다. 그러므로 모든 남자는 다 여자를 좋아하게 되어 있고, 모든 여자는 남자를 좋아하게 되어 있다.

어떤 남자가 "나는 여자를 좋아한다."라고 말을 한다면 그것은 틀린 말이다. 내가 좋아하는 것이 아니다. 그것은 나의 감정이 아니라 자연의 감정이다. 또 "내가 자녀를 낳는다."라고 한다면 그것도 틀린 말이다. 남자와 여자가 결합하면 저절로 아이가 만들어지는 것이므로 자녀를 낳는 것은 자연이다.

자기가 만들고 자기가 낳는 것이라면 손가락을 열 개로 만들 수도 있어야 하고, 발가락을 세 개로 만들 수도 있어야 하며, 키를 크게도 작게도 만들 수 있어야 하며, 미인으로 만들 수도 추악한 사람으로 만들 수도 있어야 하며, 재주 있고 착한 사람으로 만들 수도 있어야 하고, 둔하고 악한 사람으로 만들 수도 있어야 한다. 자녀는 내가 만드는 것이 아니다. 그것은 만물이 생명을 이어가는 자연의 작용에 불과하다. 이러한 사실을 알고 자기의 삶을 자연으로 이해한다면 개인적인 모든 한계에서 벗어날 수 있을 것이다.

진리란 얻는 것이 아니다. 얻는다는 말은 '나'라는 의식이 있을 때 성립한다. 내가 있어야 얻을 수 있다. 그런데 진리란 '나'라는 의식을 버리는 것이기 때문에 얻을 수 있는 것이 아니다. 다만 진리로 돌아갈 수는 있다.

참된 삶과 참된 인생

장자가 말하는 참된 삶이란 본래 세계로 돌아가 진리에 입각한 삶을 사는 것이고, 그러한 삶을 사는 사람의 인생이 참된 인생이다. 이 장에서는 장자가 말하는 참된 삶과 참된 인생을 일부 소개하겠다.

걸림 없는 삶

북쪽 바다에 물고기가 있다. 그 이름을 '곤'이라고 한다. 곤의 크기는 몇 천리가 되는지 알 수가 없다. 이 물고기가 둔갑을 해서 새가 되면 그 이름을 '붕'이라 한다. 붕의 등은 넓이가 몇 천 리가 되는지 알 수 없다. 힘차게 날아오르면 그 날개가 하늘에

드리운 구름같이 보인다. 이 새는 바다가 요동하면 남쪽 바다로 옮겨 간다. 이 새가 남쪽으로 옮겨 갈 때는 파도를 일으키는 것이 3천리나 된다. 회오리바람을 타고 9만 리 상공으로 올라간 뒤에 날아간다. 한번 날아가면 여섯 달은 쉬지 않고 날아간다.

－『장자』「소요유」

곤이나 붕은 물론 상상의 동물이다. 장자가 이 상상의 동물을 등장시킨 것은 아무 걸림 없는 삶의 내용을 설명하기 위한 방편이다.

사람의 삶에는 걸림이 많다. 아침에 일어나 양치를 하고 세수를 한다. 옷을 깔끔하게 차려 입고 향수도 약간 뿌린다. 그래야만 남의 눈치를 보지 않을 수 있다. 회사에 가서는 상사에게 깍듯이 인사를 해야 한다. 그리고 열심히 일하는 모습을 보여야 한다. 어느 하나 자유가 없다. 이런 일과는 피곤하다. 이 피곤함을 퇴근길의 한잔 술로 달래보지만, 다음날 일어나면 어김없이 삶이 되풀이된다. 생각할수록 숨이 막힌다. 이러한 삶에서 벗어날 수는 없을까?

있다. 그것은 붕새가 되는 것이다. 걸리는 것 하나 없는 9만 리 상공으로 날아올라가 마음 내키는 대로 날아가는 붕새가 되는 것이다. 그런데 어떻게 하면 붕새가 될 수 있을까?

사람이 자연의 모습을 잃지 않고 있다면 사람의 삶은 자연이다. 자연으로 살아가는 사람은 육체적인 모습만 보면 왜소한 존재로 보일지 모르지만, 그 삶의 내용은 우주 전체와 하나이므로 무한히 크다. 자연의 모습을 상실하고 인간의 감정으로 살아간다면 걸리는 것이 많지만, 자연의 모습으로 살아가면 걸리는 것이 없다.

양치를 하고 세수를 하고 옷을 입어도 그저 무심히 그렇게 하는 것이지 남을 의식해서 억지로 하는 것이 아니다. 남을 의식해서 하는 행동은 하거나 하지 않거나 같은 차원이다. 그러나 남을 의식하지 않고 자연의 상태에서 하는 행동은 하거나 하지 않거나 걸림이 없기는 마찬가지다.

영생(永生)

> 아궁이에 불을 땔 때 사람의 손은 땔나무를 갖다 넣느라
> 바쁘지만, 불은 계속 옮겨 붙기 때문에 그 끝날 줄을 알지 못
> 한다.
>
> —『장자』「양생주」

아궁이에 땔나무로 불을 지피면 땔나무는 계속 타 없어지지만, 불은 계속 새로운 땔나무로 옮겨 붙기 때문에 계속 탄다. 장자는 이를 사람의 몸과 삶 자체에 비유하였다.

사람의 몸이 땔나무와 같은 것이라면, 사람의 삶은 모든 땔나무에 다 같이 타오르는 불과 같은 것으로 보았다. 사람의 몸은 하나의 물질이다. 그러나 그 몸은 단순한 물질이 아니라 자연의 생명력에 따라서 생겨난 물건이다. 그러므로 몸의 본질은

71

자연의 생명력이라고 할 수 있다. 자연의 생명력은 어떤 한 물건에만 작용하는 것이 아니라 모든 물체에 공통으로 작용한다.

자연의 생명력은 공간적으로 무한하며 시간적으로 영원하다. 그러므로 자연의 생명력이 자신의 삶의 본질이라는 사실을 인식한다면, 몸이 병들어 죽는다 하더라도 삶의 본질인 자연의 생명력은 영원한 것이기 때문에 삶은 영원한 것이다.

유유자적

참된 사람은 사는 것을 기뻐하지 않고, 죽는 것을 싫어하지 않는다. 출세하는 것을 기뻐하지 않고, 몰락하는 것을 거부하지 않는다. 유유히 왔다가 유유히 갈 뿐이다.

─『장자』「대종사」

참된 사람은 본래 모습을 잃지 않은 사람이다. 그는 인간의 의식에서 만들어낸 일체의 가치와 시비판단에 얽매이지 않는 자연인이다. 그에게는 삶과 죽음이 따로 없다. 사는 것도 자연이고, 죽는 것도 자연이다. 그의 삶은 태양처럼 따뜻하고 바람처럼 시원하며, 물이 흐르듯 유연하고 바위처럼 꿋꿋하다. 그에게는 인간세상의 삶이 마치 꿈처럼 보이기도 하고 어린이의 소꿉장난처럼 보이기도 한다. 따라서 그에게는 출세하는 것이 달갑지도 않고, 몰락하는 것이 슬프지도 않다. 유유히 와서 유유히 살다가 유유히 갈 뿐이다.

양망(兩忘)

웅덩이에 물이 마르면 물고기들이 땅바닥에 모여 서로 비비며 입으로 거품과 물기를 뿜어내어 서로 적셔주는 것을 볼 수 있다. 이 물고기들에게는 물이 한 없이 귀중한 것이다. 그러나 이보다 더 좋은 것은 강이나 호수에서 물이 귀한 것인지를 모르고 사는 물고기의 경우다. 이와 마찬가지로 요임금을 훌륭하다고 칭찬하고 걸(桀)을 나쁜 사람이라고 비난하는 것보다는 도의 차원에서 둘 다 잊고 사는 것이 더 나을 것이다.

－『장자』「대종사」

돈을 모를 때는 돈 귀한 줄을 모른다. 돈 귀한 줄을 모를 때는 돈이 부족하지 않으며, 돈에 구속될 일도 없다. 그러나 돈 귀한 줄을 알게 되면, 돈은 항상 부족하다. 그렇기 때문에 돈 주는 사람의 심부름꾼 노릇을 하지 않을 수 없다. 자본주의 사회에 사는 사람들은 대부분 돈의 노예로 살아간다. 어떤 일을 할 때도 무심한 상태로 일을 하지 못한다. 늘 그 일의 대가로 받게 될 돈의 액수에 신경이 곤두서곤 한다. 정신도 육체도 자유를 잃었다. 정신도 돈을 향해 달리고, 육체도 돈을 향해 달린다. 돈을 획득할 수 있다면 무슨 짓이든 하는 것이 현대인들이다.

현대인들은 옛날의 노예들을 불쌍하게 생각한다. 그들은 어떻게 살았을까? 차라리 자살이라도 하는 것이 낫지 않았을까? 갖은 생각을 하면서 그들을 동정한다. 그러나 현대인들은 자신들이 노예라는 사실은 모르고 있다.

먼 훗날 우리의 후손들은 돈의 노예로 살던 우리를 불쌍하게 여길지도 모른다.

자연의 힘과 능력

산사태가 나기 전에 뱀은 다른 지역으로 피난을 간다. 산사태가 난다는 사실을 뱀은 어떻게 알았을까? 동해 근처의 강에서 부화한 연어는 태평양을 횡단하여 알래스카 연안에서 몇 년을 보낸 뒤 산란기가 되면 다시 자기가 부화한 곳으로 돌아온다. 연어는 고향을 어떻게 찾아올까? 식물은 때가 되면 꽃과 향기를 피우며 꿀을 생산한다. 그렇게 해야 벌과 나비가 오고 결실을 맺을 수 있다는 사실을 알고 그렇게 하는 것일까? 과일 나무는 때가 되면 맛있는 과일을 생산한다. 그래야만 번식할 수 있다는 사실을 알기 때문에 그렇게 한 것일까? 이 모든 것은 자연이다.

그런데 사람은 왜 홍수에 떠내려가기도 하고 산사태에 깔려

죽기도 하는 것일까? 뱀이나 쥐보다 못한 것일까? 그런 것은 아니다. 사람도 자연으로 살아갈 때에는 그러한 능력을 다 가지고 있었다. 다만 자연성을 상실하면서 그러한 능력도 동시에 상실한 것이다.

장자는 사람이 갖고 있었던 자연의 능력을 강조한다. 자연성을 회복하면 그 능력을 회복할 수 있다.

정신을 집중하면 위력이 생긴다

공자가 초나라로 가다가 숲속을 지나가는데 한 꼽추가 매미를 줍듯이 잡는 것을 목격하였다. 그것을 기이하게 생각한 공자는 그에게 물었다.

"당신은 교묘한 재주가 있군요. 특이한 방법이 있는 것인가요?"

꼽추가 대답했다.

"나에게는 한 가지 방법이 있습니다. 대여섯 달 동안 공 두 개를 포개놓는 연습을 하여 떨어지지 않으면 매미 잡는 기술을 터득하게 되지요. 세 개를 포개어도 떨어지지 않으면 놓치는 매미는 열에 한 마리밖에 안 됩니다. 다섯 개를 포개어도 떨어지지 않으면 매미를 줍는 것처럼 잡게 되지요. 나의 몸가짐은 말뚝이나 나무 그루터기 같고, 나의 팔놀림은 마른 나무의 가지 같게 되지요. 천지가 아무리 크고 만물이 아무리 많아도 나는 아랑곳하지 않고 오직 매미의 날개만을 의식합니다. 매미의 날개에만 마음을 집중할 뿐 그 외의 어떤 것에도 관심을 갖지 않습니다. 그러니 어찌 잡지 못할 리가 있겠습니까?"

이 말을 들은 공자는 제자들을 돌아보며 말했다.

"뜻을 분산시키지 않고 집중하면 신처럼 된다는 말이 있는데 아마도 저 꼽추 노인을 두고 하는 말인가 보다."

― 『장자』「달생」

욕심을 비우면 위력이 생긴다

안연(顔淵)이 공자에게 여쭈었다.

"나는 전에 상심(觴深)이라는 못을 건넌 적이 있는데, 그때 뱃사공의 배 젓는 솜씨가 신기에 가까웠습니다. 그래서 내가 그에게 '배 젓는 기술을 배울 수가 있습니까?' 하고 물었더니, '있습니다. 헤엄을 잘 치는 자라면 바로 잘할 수 있습니다. 잠수를 잘 하는 자는 배를 본 일이 없어도 바로 저을 수 있게 됩니다.'라고 대답하고는 내가 그 이유를 물어도 더 이상은 대답해 주지 않았습니다. 왜 그랬는지 가르쳐 주십시오."

공자가 대답했다.

"헤엄을 잘 치는 자가 금방 배를 저을 수 있게 되는 까닭은 물에 대한 두려움이 없기 때문이다. 잠수를 잘 하는 자가 배를 본 일이 없어도 바로 저을 수 있게 되는 까닭은 못을 언덕처럼 여기며 배가 뒤집히는 것을 수레가 언덕에서 뒷걸음질 치는 정도로 여기기 때문이다. 뒤집히고 뒷걸음치는 등 온갖 위험이

눈앞에 펼쳐져도 그는 아랑곳하지 않을 것이다. 그렇게 되면 어디를 가더라도 여유를 가질 수 있다. 항아리를 상품으로 걸고 활쏘기 시합을 하면 명중률이 높다. 그러나 은제품을 상품으로 걸고 활쏘기 시합을 하면 정신집중이 되지 않으므로 명중률이 떨어진다. 또 황금을 상품으로 걸고 활쏘기 시합을 하면 마음이 흥분하기 때문에 명중률이 현저하게 떨어진다. 같은 솜씨지만 이처럼 차이가 나는 까닭은 욕심이 있어서 외물에 마음을 빼앗기기 때문이다. 외물에 욕심을 내면 마음이 옹졸해지는 법이다."

– 『장자』「달생」

진리를 얻은 백정

포정(庖丁)이라는 사람이 문혜군(文惠君)에게 고용되어 소를 가르고 있었다. 민첩한 손놀림과 발놀림, 어깨와 무릎의 움직임, 쓱싹쓱싹 칼을 움직이는 소리가 리드미컬한 멜로디가 되어 하나의 음악과 춤을 연출하고 있었다. 마치 탕(湯) 임금의 춤곡에 따라 춤을 추는 것 같기도 하고, 요임금의 음악을 연주하는 것 같기도 하였다. 이를 본 문혜군은 감탄하며 말했다.

"아아 참으로 좋도다! 기술이 어찌 이러한 경지에 도달할 수 있단 말인가!"

이에 포정은 칼을 놓으며 말했다.

"신이 좋아하는 것은 도(刀)입니다. 이 도를 가지고 기술에 나아간 것입니다. 처음에 신이 소를 잡을 때는 한 마리의 소가 통째로 보였습니다. 그러나 삼년 뒤에는 그렇게 보이지 않았습니다. 조금 전에 신은 육체의 눈이 아니라 정신의 눈으로 소를 본 것입니다. 감각기관의 작용이 멈추고 정신 작용이 움직여 자연의 살결에 따라 큰 틈을 치고 큰 마디로 칼을 인도하여 본래 있는 그대로를 따를 뿐이었습니다. 신의 칼은 뼈와 살이 붙은 미세한 사이도 지나가므로 큰 뼈 사이를 지나가는 것은 문제없습니다. 좋은 백정은 뼈를 베기 때문에 1년에 한 번 칼을 바꾸고, 시원찮은 백정은 뼈를 부러뜨리기 때문에 한 달에 한 번씩 칼을 바꿉니다. 그러나 지금 신의 칼은 19년이 지났고 가른 소는 수천마리에 이릅니다. 칼날은 금방 숫돌에서 갈아낸 것 같습니다. 뼈의 마디는 틈이 있고 칼날은 두께가 없으니, 두께가 없는 것을 가지고 틈이 있는 것으로 지나가기 때문에 칼을 놀리는 데 넉넉하게 여유가 있습니다. 이 때문에 19년이 지났어도 칼날이 금방 숫돌에서 갈아낸 것 같습니다."

－『장자』「양생주」

처세술과 양생법

자연의 모습을 하면 목석처럼 되는 것이 아니다. 오히려 물이 흐르는 것 같이 자유롭게 살아갈 수 있으며, 자신에게 주어진 천수를 누릴 수 있다. 그것은 세속적인 처세술이나 양생법과는 다르다. 장자는 처세술과 양생법을 어떻게 설명하고 있을까?

지혜로운 처세술

양자가 송나라에 있는 여관에 머물렀다. 여관 주인에게는 첩이 둘 있었는데, 한 사람은 미인이었고 한 사람은 박색이었다. 그런데 박색인 첩은 많은 사람들에게 존중받고 있었고, 미인인 첩은 이상하게도 사람들에게 천대받고 있었다. 이를 본

양자가 그 까닭을 물으니 여관의 심부름꾼이 다음과 같이 대답했다.

"저 미인은 스스로 미인이라고 뽐내기 때문에 나는 그녀가 아름답다고 여겨지지 않습니다. 그러나 저 못생긴 부인은 스스로 못생겼다고 생각하여 겸손하기 때문에 그녀가 정말 못생겼다고 생각하지 않습니다."

이 말을 들은 양자는 말했다.

"제자들아 이것을 명심하라. 어진 행동을 하면서도 자기가 어질다는 생각을 갖지 않으면 어디를 가더라도 사랑받지 않겠는가?"

-『장자』「산목」

우리는 '미인단명' '미인박명'이란 말을 자주 접한다. 왜 이러한 말이 나왔을까? 미인은 어려서부터 많은 사람들에게 주목받고 관심 받았기 때문에 관심을 베푸는 것보다는 관심을 받는 것에 익숙하고, 봉사하기 보다는 봉사를 받는 것에 익숙하다. 결혼 상대자로는 미인을 선호하지만, 결혼하여 가족이 되고 나면 그것을 그다지 중시하지 않는다. 그것은 부모의 미모를 그다지 중시하지 않는 것과 마찬가지다. 그런데도 미인은 계속 봉사받기를 바라기 때문에 미움을 받고 불행해지는 경우가 많다. 중요한 것은 외모가 아니라 마음이다. 그런데도 사람들은 왜 마음을 다스리기 보다는 외모를 가꾸는 일에 힘을 쏟고 있을까?

몸을 보전하는 비결

착한 일을 하더라도 명예롭게 되기를 바라지 않고, 나쁜 일
을 하더라도 형벌 받지 않을 일을 하여 대중과 함께 하는 것을
원칙으로 삼으면, 몸을 보전할 수 있고 삶을 온전히 할 수 있으
며, 부모를 봉양할 수 있고 목숨을 보전할 수 있다.

— 『장자』 「양생주」

착한 일을 하더라도 명예롭게 되기를 바라지 않는 경우는
자신의 행동이 착한 일이라고 의식하지 않는 경우다. 여기서 착
한 일이란 세속적인 판단기준이므로 그 일을 하고 있는 사람에
게는 착한 일이 아니다. 그냥 자연일 뿐이다.

이와 마찬가지로 나쁜 일을 하더라도 형벌을 받지 않을 일
을 하는 경우는 자신의 행동이 나쁜 일이라고 의식하지 않는
경우다. 이때 나쁜 일이라는 것 역시 세속적인 판단기준이므로
그 일을 하고 있는 사람에게는 나쁜 일이 아니다.

나쁜 일을 하더라도 형벌을 받지 않는 일에는 어떤 것이 있
을까? 법에는 규정되어 있더라도 그것을 어기는 것에 대해서
거리낌이 없는 일이다. 강연을 하고 약간의 거마비를 받았을
때 세금신고를 하지 않는 것, 부모에게 용돈을 받았을 때 증여
세 신고를 하지 않는 것, 오랜만에 만난 친구들과 화목을 도모
하는 의미에서 화투를 치는 것 등이 그러하다. 이런 경우는 나
쁜 일을 하고 있다고 의식하지 않을 수 있다.

어떤 일을 하더라도 좋고 나쁨을 의식하지 않을 수 있는 것은 근본적으로 자연인이 되었을 때 가능하다.

노자의 양생법

노자가 말했다.

"양생의 큰 원칙은 존재원리인 도를 잃지 않는 것이고, 점을 치지 않고서도 길흉을 아는 것이며, 본래 상태로 머물러 있으면서 인간의 의식작용을 버리는 것이다. 양생의 비법은 남에게서 구하거나 배우는 것이 아니라, 자기에게서 구하여 늘 느긋하게 있으며, 마음을 텅 비우며, 어린아이처럼 하는 데 있다. 어린아이는 종일 울어도 목이 쉬지 않으니, 자연의 상태에서 조화를 이루기 때문이다. 어린아이는 종일 손을 움켜잡고 있어도 손이 당기지 않으니, 그것은 타고난 능력을 간직하고 있기 때문이다. 종일 눈을 떠도 깜빡이지 않는 것은 보려는 의도가 없기 때문이다. 가더라도 목적지를 의식하지 않고, 머물러 있어도 무엇을 해야겠다는 생각이 없다. 만물과 하나가 되어 자연에 맡겨 물결치는 대로 따라간다. 이것이 양생의 가장 큰 원칙이다.

— 『장자』 「경상초」

현대인들은 건강을 유지하기 위하여 많은 노력을 한다. 영양가 있는 음식을 골고루 섭취하고, 적당한 운동을 하려고 노력한다. 어떤 음식에 들어 있는 영양소가 무엇이고, 그 음식이 몸에 좋은 이유가 무엇인지 연구하기도 하며, 어떤 운동이 몸에 적당한지 배우기도 한다. 그런데도 불구하고 현대인들은 병이 많으며, 병원마다 환자들로 가득하다. 그 이유는 무엇일까?

인간의 생각과 판단에는 한계가 있기 때문이다. 이 한계를 극복하는 방법은 인간이 자연의 상태에서 가지고 있었던 양생법을 되찾는 것이다. 자연 상태의 양생법이란 자연에 따르는 것이다. 그것은 먹고 싶은 것을 먹고, 하고 싶은 운동을 하는 것이다.

그러나 사람이 자연성을 잃고 욕심에 사로잡혀 지속적으로 특정한 음식을 먹고 특정한 운동을 하면, 몸이 그 음식과 운동에 적응하여 계속 똑같은 것을 요구한다. 담배를 계속 피우는 애연가나 편식을 일삼는 미식가가 이에 해당한다. 그러나 그것은 자연이 아니다. 그것을 자연으로 착각하면 또한 부작용이 생기므로 주의해야 한다.

삶의 지혜

참다운 인간의 참다운 매력

노나라에 형벌을 받아 다리 하나가 잘린 왕태(王駘)라는 사람이 있었다. 그런데 그를 따르는 자가 공자의 제자만큼이나 많았다. 이를 이상하게 생각한 상계(常季)가 공자에게 물었다.

"왕태라는 자는 다리 하나가 없는 불구인데도 그를 따르는 자들이 선생님을 따르는 자들만큼이나 됩니다. 그를 살펴보니 서서 가르치거나 앉아서 토론하지도 않습니다. 그런데도 텅 빈 것 같이 허전한 마음으로 갔다가 속이 꽉 차서 뿌듯한 마음으로 돌아옵니다. 이처럼 아무 말이 없어도 가르침이 가능하며, 아무 표현을 하지 않았는데도 마음을 만족시켜 주는 것이 가능합니까? 그는 어떠한 사람입니까?"

－『장자』 「덕충부」

　사람은 외롭다. 끊임없이 남들과 경쟁을 해야 한다. 이 세상
은 총만 없는 전쟁터라고 한다. 잠시라도 방심하면 바로 패배하
고 만다. 바짝 긴장하고 치열한 경쟁에 매진해야 한다. 그러니
삶은 늘 피곤하다. 그럴 때일수록 고향사람을 만나면 반갑다.
나에게 도움을 주는 것이 하나도 없는 고향사람이 반가운 것
은 무슨 까닭일까?

　고향사람을 만나면 긴장하지 않아도 된다. 그는 경쟁상대가
아니다. 그를 만나면 긴장이 풀린다. 오래 잡아당기면 탄력을
잃어버리는 고무줄처럼 사람도 긴장을 지속하면 생명력을 상실
한다. 그러므로 생명을 유지하기 위해서는 긴장을 풀 수 있는
기회가 필요하다. 고향사람을 만나 긴장을 풀 수 있는 시간을
가지는 것은 삶에 있어 대단한 의미를 가진다.

　왕태는 고향사람과 같은 사람이다. 그는 욕심을 가지고 있
지 않다. 그러므로 그는 어떠한 사람에게도 경쟁의식을 갖지 않
는다. 밖에서 모욕을 당한 어린아이가 집에 들어와서 어머니를
만나면 스트레스가 해소되듯, 세상살이에서 긴장한 사람들이
그를 만나면 모든 스트레스가 눈 녹듯이 녹아버린다. 그는 위
로의 말을 하거나 어떤 설명을 하지 않아도 된다. 그저 가만히
있기만 해도 그를 만난 사람은 효과를 본다. 그는 오래 전에 잊
고 있던 우리들의 본래 모습이다. 사람들이 자기의 본래 모습

을 그리워할수록 그를 그리워하게 된다.

보광(葆光)

큰 도는 일컬어질 수 없고, 큰 변론은 말로 표현될 수 없다. 대인(大仁)은 어질지 않고, 큰 청렴은 청렴하다는 의식이 없다. 큰 용기는 저항함이 없다. 도가 밝아지면 도가 아니며, 말이 잘 변론되면 참다운 말이 아니다. 항상 어진 마음을 베풀면 어진 것이 아니며, 청렴함이 깨끗하면 믿을 수 없고, 저항하는 용기는 용기가 아니다. 이 다섯 가지 현상이 나타나면 둥글게 되려고 해도 모가 나고 말 것이다. 그러므로 지혜는 모르는 상태에서 멈추는 것이 제일이다. 누가 말을 하지 않아야 진리가 분별됨을 알겠으며, 말을 하지 않아야 참다운 말이 되는 줄을 알겠는가. 만약 이를 안다면 그것은 천부(天府)다. 천부는 하늘 창고를 말한다. 물을 쏟아 부어도 차지 않고, 퍼내어도 마르지 않지만, 그렇게 되는 원인을 알지 못한다. 이것을 보광이라 한다.

－『장자』「제물론」

자연에는 인간의 의식에 의한 구별상이 존재하지 않는다. 자연에 머물러 있는 본래의 사람은 시비를 가리지 않는다. 자연인이 되면 인간의 모든 시비선악을 다 포용할 수 있다. 장자는 그것을 천부, 즉 하늘 창고라 했다. 하늘 창고란 바로 모든 것을 다 포함하는 자연을 말한다.

또 자연의 입장에서 시비를 가리지 않고 모든 것을 다 포용하는 것을 장자는 보광이라 했다. 보(葆)는 분명치 않고 더부룩하다는 말이다. 자연의 생명력으로 살기 때문에 빛나는 지혜를 가졌지만, 시비를 가리지 않고 다 용납하므로 더부룩하다고 한 것이다.

어둠의 가치

요임금이 순임금에게 물었다.

"내가 종(宗)과 회(膾)와 서오(胥敖)를 정벌하고 왕 노릇을 하지만 석연치 않으니 그 까닭이 무엇인가?"

순임금이 대답을 했다.

"그 세 나라는 저 변방에 있는 나라들인데 석연치 않다는 것은 무슨 말씀이십니까? 옛날 열 개의 태양이 동시에 나와 만물을 다 비춘 일이 있었는데 하물며 덕이 태양보다 뛰어난 사람에 있어서는 어떠하겠습니까?"

 ─『장자』「제물론」

시비를 엄격히 가려서 만사를 분명하게 처리하는 사람은 유능한 사람 같지만 사실은 그렇지 않다. 시비를 가리는 것은 자연이 아니라 인간세상에서 만들어낸 가공의 세계에서만 가능한 것이다. 그러므로 시비를 엄격하게 가리면 사람들은 자연성을 상실하여 불안해지고 만다. 어디엔가 잘잘못을 가리지 않고 모든 것을 용납하는 고향의 모습이 있어야 사람은 안도할 수 있다. 그러므로 시비를 엄격하게 가리지 않고 덮어주는 것도 필요하다. 이는 사람들이 몸을 숨길 장소를 필요로 하는 것과도 같다. 사람들에게는 남이 보지 않는 혼자만의 공간도 필요하다. 만약 화장실에도 갈 수 없을 정도로 일거수일투족이 모두 노출되어 버린다면, 사람들은 불안하고 초조하여 제대로 살아갈 수 없을 것이다.

요임금은 엄격하게 시비를 가려 나쁜 사람은 반드시 응징하고, 옳은 사람은 반드시 칭찬하는 정책을 폈다. 그래서 변방의 미개한 나라인 종·회·서오 등의 나라를 정벌하여 질서를 세웠다. 그렇다면 그들은 고마워하면서 잘 따라야 할 텐데 그렇지가 않았다. 상당히 반발하고 있었다. 그것을 이해하지 못한 요임금이 순임금에게 물었고, 순임금은 그 사실을 알고 있었다. 옛날에 태양 열 개가 하늘에 떠 있은 적이 있었다. 온 세상이 밝아서 만물이 잘살 것으로 생각했으나 사실은 그렇지가 않았다. 숨을 수 있는 어둠이 없어졌기 때문에 만물은 살아갈 수가 없었다. 하나만 남고 아홉 개가 없어진 뒤에야 밤도 생기고 어둠도 생겨 비로소 삶을 유지할 수가 있게 되었다. 이러한 이치를 알았다면 요임금은 미개한 나라들의 잘못을 그냥 묵인했을 것이다. 그러나 그는 그렇지 못했다. 그는 열 개의 태양보다도 더 밝게 모든 것을 밝혀야 한다고 생각했다. 변방의 나라들이 잘 다스려지지 않았던 이유가 거기에 있었던 것이다.

포용력의 중요성

　　관중(管仲)이 병이 들었다. 관중은 제나라의 환공(桓公)을 도와 천하의 패권을 차지하게 한 위대한 인물이다. 그가 없으면 환공은 제대로 정치를 할 수가 없다. 어느 날, 관중의 병환이 걱정된 환공은 그의 병실로 문안을 갔다. 가서 보니 그의 병세는 좋지 않았다. 환공은 나라일이 걱정되어 부득이 관중에게 물었다.

　　"중부의 병이 위독하니 말하지 않을 수가 없구려. 만약 병이 커져 무슨 일이 생기면 과인은 누구에게 나라를 맡기면 좋겠소?"

　　관중은 임금의 의향을 알고 싶었다. 임금이 생각하는 인물 중에서 그럴 듯한 사람이 있다면 그가 적격일 것이기 때문이었다. 그래서 관중은 환공에게 도로 물었다.

　　"임금께서는 누구에게 맡기려 하십니까?"

　　관중을 아끼고 걱정한 환공은 언뜻 관중과 가장 절친한 친구인 포숙이 떠올랐다. 그래서 그는 대답했다.

　　"포숙이 어떻겠소?"

　　포숙은 관중에게 둘도 없는 친구다. 관중은 전에 환공과 정적의 관계에 있던 공자규(公子糾)를 모시고 있었는데, 공자규가 환공과 싸워 패배했을 때 포로가 되었다. 관중은 사형에 처할 운명이었으나 환공의 부하이자 친구인 포숙이 환공을 설득하여 구해주었을 뿐만 아니라 재상으로까지 임명되도록 해주었다. 그렇게 생각해 보니 포숙은 단순한 친구가 아니라 생명의 은인이다. 또 같이 장사를 할 때에도 포숙은 부모를 모시느라 비용이 많이 필요했던 관중을 배려하여 더 많은 배당금을 주곤 했다. 생각할수록 고마운 친구다. 그러나 어디까지나 그것은 친구로서 고마운 것일 뿐 그것 때문에 공과 사를 혼동해서는 안 된다. 옛날 요임금은 자기 아들에게 왕위를 물려주지 않고 순(舜)에게 물려주었고, 순도 또한 자기 아들에게 물려주지 않고 우(禹)에게 물려주었다. 그들은 공과 사를 구별한 모범이다. 인사는 마땅히 그렇게 해야 한다. 세상이 나의 것이 아니고 재상 자리가 나 개인의 것이 아니므로 임금을 정하고 재상을 정하는 데는 마땅히 적임자를 골라야 하는 것이지 사사로운 은혜나 감정이 개입되면 안 된다. 생각이 여기에 미치자 관중은 더 이상 망설이지 않고 대답했다.

"안됩니다. 그는 청렴결백하고 착한 사람입니다. 그러나 그는 자기보다 뒤떨어지는 사람은 사람으로 여기지도 않고 한번 남의 잘못을 들으면 평생 잊지 않습니다. 그에게 나라를 다스리게 하면 위로는 임금을 거스르고 아래로는 백성들을 탄압하여 얼마 안가서 임금에게 벌을 받게 될 것입니다."

이 말을 들은 환공은 관중에게 다시 물었다.

"그렇다면 누구에게 맡기는 것이 좋겠소?"

관중은 평소에 생각해 둔 바가 있는 습붕(隰朋)을 소개했다.

"굳이 말씀드린다면 습붕이 좋겠습니다. 그는 윗사람의 세력을 의식하지 않고 아랫사람의 뜻을 따릅니다. 자기의 인격이 황제만 못하다는 사실을 부끄러워하고 자기만 못한 자를 보살필 줄 압니다. 본심을 가지고 남과 한마음이 되는 자를 성인이라 하고, 재물을 가지고 남에게 나누어주는 자를 현인이라 합니다. 현자의 입장에서 남을 내려다보면 사람들을 따르게 할 수가 없지만, 남의 밑에 있으면서 남에게 자기를 낮춘다면 사람들이 저절로 따르게 됩니다. 그가 나라를 다스리면 국민의 잘못에 대해서 일일이 다 밝히려 하지 않고 못들은 채 너그럽게 용서할 것이고, 집을 다스리면 가족의 잘못에 대해서 일일이 다 따지지 않고 못 본 채 하고 용서할 것입니다. 그러므로 굳이 말씀드린다면 습붕이 좋겠습니다."

– 『장자』 「서무귀」

최고의 행복

세상에 최고의 행복이 있을까? 몸을 살릴 수 있는 방안은 있는 것일까? 지금 무엇을 하고 무엇을 하지 말며, 무엇을 피하고 무엇에 머물며, 어느 것에 나아가고 어느 것에서 떠나야 하며, 무엇을 좋아하고 무엇을 싫어해야 할까?

세상 사람들이 좋아하는 것은 부귀와 명예다. 세상 사람들이 좋아하는 것은 몸의 안락, 맛있는 음식, 아름다운 옷, 예쁜 여자나 남자, 황홀한 음악이고, 싫어하는 것은 가난과 비천함, 요절과 불명예다. 세상 사람들이 괴로워하는 것은 몸이 편하지 않은 것, 맛있는 것을 먹지 못하는 것, 몸에 아름다운 옷을 걸

치지 못하는 것, 아름다운 빛을 보지 못하는 것, 황홀한 음악을 듣지 못하는 것이다. 만약 이를 얻지 못하면 크게 걱정하면서 두려워한다. 그들이 몸을 다스리는 방법은 얼마나 어리석은가. 부자는 몸을 괴롭혀가며 열심히 일해서 많은 재물을 모으지만, 그렇게 모은 재산은 다 쓰지도 못한다. 그러니 몸을 다스리는 방법이 얼마나 잘못된 것인가. 신분이 높은 자는 밤낮으로 옳고 그름을 골똘히 생각하고 있으니 이 또한 몸을 다스리는 방법이 얼마나 소원한 것인가. 사람은 태어나면서부터 걱정과 함께 살아간다. 그러다가 늙으면 정신이 혼미하여 종일 죽지도 않고 오래도록 걱정을 하며 살아가니 얼마나 괴로운 일이고 몸을 다스리는 방법이 얼마나 엉성한가.

열사는 천하를 위하여 착한 행동을 드러내지만 자기의 몸을 살리지는 못한다. 그렇다면 나는 착함이 진실로 착함이 될 수 있는지 아니면 진실로 착함이 될 수 없는지를 알지 못하겠다. 만약 그것을 착함이라 한다면 자기의 몸을 살리지 못하는 것은 어떻게 이해해야 할 것이며, 착하지 않은 것이라면 남을 살리는 것은 또 어떻게 이해해야 할 것인가. 그러므로 '충성으로 간해서 들어주지 않을 때에는 물러나 가만히 있어야지 끝까지 관철시키려 해서는 안 된다.'라고 한 것이다.

자서(子胥)는 끝까지 관철시키려 한 탓으로 그 몸을 망쳤다. 그러나 그가 자기의 주장을 관철하려 하지 않았다면 충신열사라는 명예는 얻지 못했을 것이다. 그러니 진실로 착함이란 있는 것인가 없는 것인가.

지금 세상 사람들이 추구하고 즐기는 행복이 과연 참다운 행복인지 아닌지 알 수가 없다. 내가 보기에 세속 사람들은 모두가 각자가 추구하는 행복을 위하여 떼를 지어 달려가며 조금도 멈추지 않는다. 그러면서 그들은 모두 행복하다고 말한다. 그러나 나는 아직껏 그러한 것을 행복이라고 생각해 본 적도 없고 행복한 것이 아니라고 생각해 본 적도 없다. 그러한 것은 행복과는 관계가 없는 것이다. 참다운 행복은 있는 것인가. 없는 것인가.

나는 무위자연의 상태로 돌아가는 것을 참다운 행복이라고 생각한다. 그러나 세속의 사람들은 그것을 고통으로 생각한다. 그러므로 '참다운 행복은 행복감을 느낄 수 있는 것이 아니고, 지극히 명예로운 것은 세속적인 명예와 같은 것이 아니다.'라고 한다. 참으로 옳고 그른 것은 사람들이 그렇게 간단히 결정할 수 있는 것이 아니다. 오직 무위자연의 상태가 되어야만 참으로 옳고 그른 것이 무엇인지 단정할 수 있다.

참다운 행복과 몸을 제대로 살리는 방법은 오직 무위자연의 상태에서만 가능하다. 시험 삼아 한번 말해 보자.

하늘은 무위자연의 상태에 있으므로 맑고, 땅은 무위자연의 상태에 있으므로 편안하다. 무위자연의 상태에 있는 하늘과 땅의 작용이 합쳐져서 만물이 생성된다. 황홀하도다. 그것들이 어디에서 생겨나는지 알 수가 없으니. 황홀하구나. 그 모습이 있는 듯 없으니. 만물은 모두가 무위자연의 상태로 번식해 간다. 그러므로 '하늘과 땅은 하는 것이 없는 듯하지만 하지 않는 것이 없다.'라고 한다. 사람들 중에 누가 무위자연의 경지를 터득할 수 있겠는가! 그것이 바로 천지와 하나가 되는 것이고 참다운 행복을 얻는 것이 될 것이다.

－『장자』「지락」

큰 글자로 읽는 세상의 모든 지식
〈살림지식총서〉

이기동(kdyi0208@naver.com)

현 성균관대학교 대학 원장 겸 유학대학장.
성균관대학교 유학과를 졸업하고, 일본 쓰쿠바 대학 대학원 철학사상연구과에서 문학박사 취득하였다. 1985년에 성균관대학교 동양철학과 조교수를 역임하였다.
논문으로는 「유학의 특질」 등이 있으며, 저서로는 『공자』 『주역강설』 『논어에서 얻는 지혜』 『장자에서 얻는 지혜』 『주역에서 얻는 지혜』 『동양삼국의 주자학』 『한국의 위기와 선택』 등 다수가 있다.

큰글자 살림지식총서 083

장자 진리를 찾아가는 길

| 펴낸날 | 초판 1쇄 | 2012년 10월 15일 |
| | 초판 3쇄 | 2023년 4월 17일 |

지은이	이기동
펴낸이	심만수
펴낸곳	(주)살림출판사
출판등록	1989년 11월 1일 제9-210호

주소	경기도 파주시 광인사길 30
전화	031-955-1350 팩스 031-624-1356
홈페이지	http://www.sallimbooks.com
이메일	book@sallimbooks.com

| ISBN | 978-89-522-2717-1   04080 |
| | 978-89-522-3549-7   04080 (세트) |

※ 이 책은 살림지식총서 454 『장자』를 큰 글자로 만든 것입니다.
※ 이 책은 큰 글자가 읽기 편한 독자들을 위해
   글자 크기 14포인트, 4×6배판으로 제작되었습니다.